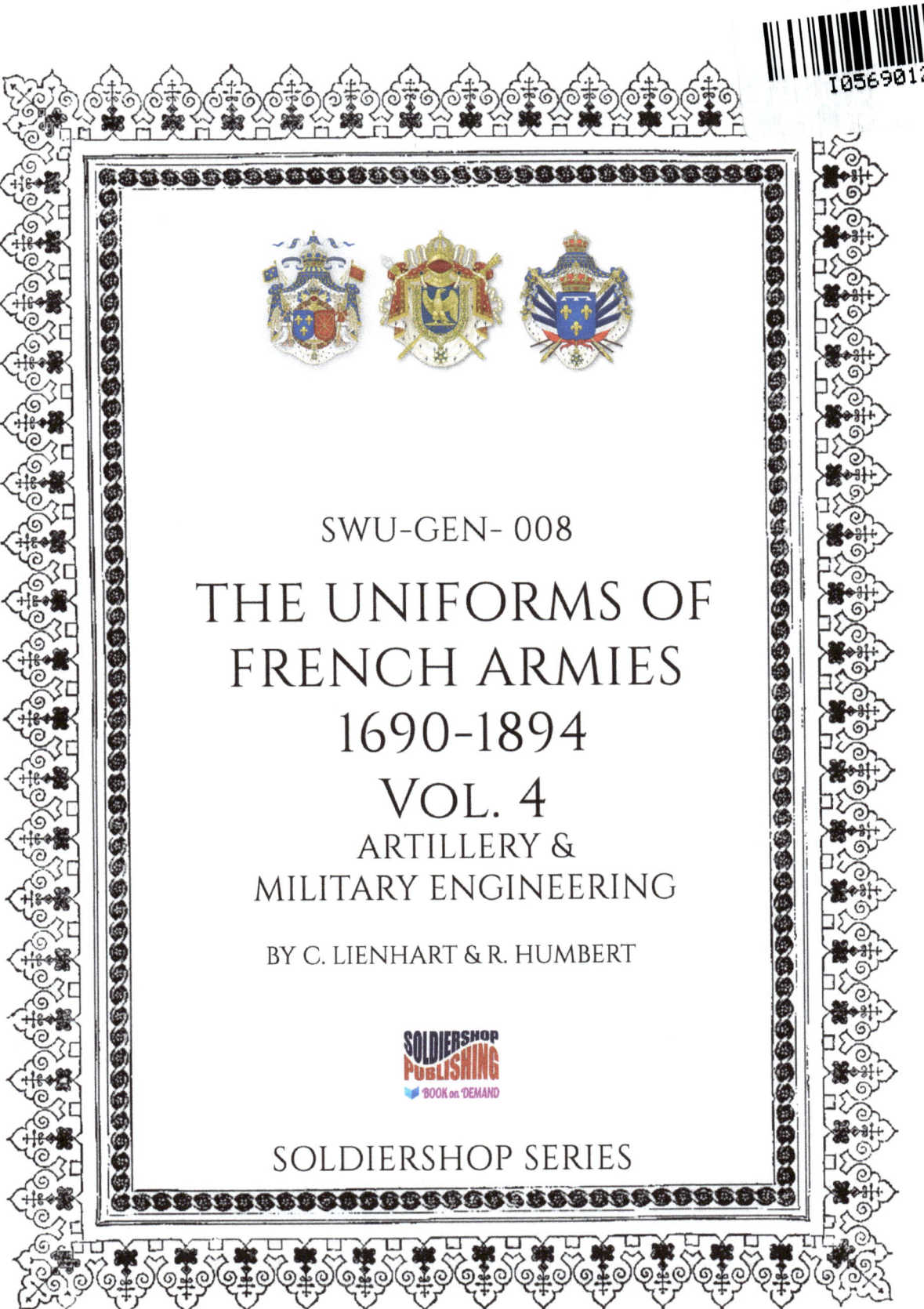

SWU-GEN- 008

THE UNIFORMS OF FRENCH ARMIES 1690-1894

VOL. 4

ARTILLERY & MILITARY ENGINEERING

BY C. LIENHART & R. HUMBERT

SOLDIERSHOP PUBLISHING
BOOK on DEMAND

SOLDIERSHOP SERIES

Title: **THE UNIFORMS OF FRENCH ARMIES 1690-1894 VOL. 4** - **Artillery and military engineering** from the work of C.Leinhart and R.Hmbert. Edit by Luca S. Cristini. First edition by Soldiershop. November 2019
Cover & Art Design: Luca S. Cristini. ISBN code: 978-88-93275262
Published by Luca Cristini Editore, via Orio 35/4- 24050 Zanica (BG) ITALY. www.soldiershop.com

THE UNIFORMS
OF FRENCH ARMIES
1690-1894
Vol. 4

ARTILLERY &
MILITARY ENGINEERING

LIENHART & HUMBERT

Les
Uniformes
de
l'Armée
Française

RECUEIL D'ORDONNANCES
de 1690 à 1894

PAR

LE DOCTEUR LIENHART
Professeur aux Facultés Catholiques de Lille

ET

RENÉ HUMBERT
Membre de la Société d'Historiographie Militaire.

LEIPZIG

LIBRAIRIE M. RUHL.

UNIFORMS OF THE FRENCH ARMY FROM 1690 TO 1894

The plates presented in our volumes are a copy of the famous engravings made in 5 books by Dr. Costance Lienhart, professor at the University of Lille, and René Humbert, famous member of the Society of Military History, and published by M. Ruhl in Leipzig between 1897 and 1906 in a limited edition of 600 copies. Today many of these copies belong to collectors from all over the world, and it is precisely from one of these that our edition is derived, supplied to us by our friend Luigi Casali, historian and prestigious collector of original volumes of history and uniformology. The images were then cleaned and adapted to modern printing.

This is the first edition to be published in English and Italian. The original chromolithographic plates are almost 400, the layout of the work is divided by type.

The first volume has over eighty plates, is divided into two parts and is dedicated in the first part to the General Staff (general, field helpers, guides...).

The second part presents the uniformological tables of the maison du Roi, the Royal Guard and the Imperial Guard. This volume deals entirely with the cavalry corps composed of eighty colour plates.

The third volume is dedicated to the infantry corps, based on 62 original plates to which we have added images in the appendix.

The fourth volume, the largest with 87 plates, deals with the Artillery and Genius corps and all the other subsidiary corps of the army.

The fifth and last volume presents 84 plates mainly dedicated to the National Guard and the Guards of Honour up to page 15, then begins an interesting chapter dedicated to the allied troops of the French, especially those of the Napoleonic period (Confederation of the Rhine, Italian troops, Dutch, Neapolitan, Spanish, Polish, Prussian, Austrian and Danish).

INDEX OF THE 4TH VOLUME: ARTILLERY & MILITARY ENGINEERING

Uniforms of the French Army (1690-1894) Volume IV

UNIFORMI DELL'ESERCITO FRANCESE DAL 1690 AL 1894

Le tavole presentate nei nostri volumi sono la copia delle famose incisioni realizzate in 5 tomi del Dott. Costance Lienhart, professore all'università di Lille, e René Humbert, famoso membro della società di storia militare, e pubblicate dall'editore M.Ruhl a Lipsia tra il 1897 e il 1906 in tiratura limitata a 600 copie. Oggi molte di queste copie appartengono a collezionisti di tutto il mondo, ed è appunto da una di queste copie che deriva la nostra, fornitaci dall'amico Luigi Casali, storico e prestigioso collezionista di volumi originali di storia e uniformologia. Le immagini sono state poi pulite e adattate alla stampa moderna.

Questa è la prima edizione tirata in inglese e italiano. Le tavole cromolitografiche originali sono quasi 400, l'impianto dell'opera è diviso per tipologia.

Il primo volume conta oltre ottanta tavole, è diviso in due parti ed è dedicato nella prima parte agli Stati maggiori (generali, aiutanti di campo, guide...).

Nella seconda parte sono presentate le tavole uniformologiche della *maison du Roi*, della Guardia reale e di quella imperiale. Questo volume si occupa interamente dei corpi di cavalleria composto da ottanta tavole a colori.

Il terzo volume è dedicato ai corpi di fanteria, basato su 62 tavole originali cui abbiamo aggiunto delle immagini in appendice.

Il quarto volume, il più corposo, con ben 87 tavole si occupa dei corpi di Artiglieria e del Genio e di tutti gli altri corpi sussidiari dell'esercito.

Il quinto e ultimo volume presenta 84 tavole dedicate principalmente alla Guardia nazionale ed alle guardie d'onore fino alla pagina 15, poi inizia un interessante capitolo dedicato alle truppe alleate dei francesi, specialmente quelle del periodo napoleonico (Confederazione del Reno, truppe italiane, olandesi, napoletane, spagnole, polacche, prussiane, austriache e danesi).

INDICE DEL 4° VOLUME: ARTIGLIERIA E GENIO

Uniformi dell'esercito francese (1690-1894) Volume IV

4ᵉ PARTIE.

ARTILLERIE.

GENIE.   TRAIN.

ARTILLERIE.

1671.   FUSILIERS DU ROI. 1720.   1722.

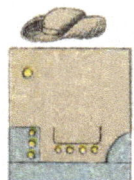    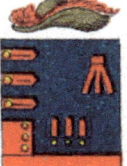 

Fusilier du Roi.   Commissaire.   Fusilier.   Officier.   Canonnier.   Officier.

Bas-officier. 1722.   Bombardier. 1722.   Ouvrier. 1722

Officier. 1722.   Commissaire. 1671.   Mineur. 1757.

Mineur. 1722.   Mineur. 1757.   Ouvrier. 1757.

27 FÉVRIER 1760.   13 AOÛT 1765.

Canonnier.   Ouvrier.   Mineur.   Canonnier.   Ouvrier.   Mineur.

R. Humbert.

ARTILLERIE.

1776.   1776.

    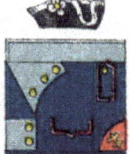

Officier.   Canonnier.   Ouvrier.   Mineur.   Artificier et   Conducteur
                                               magasinier.   de chariot.

Canonnier à pied.
1792.

Artilleur
à cheval. 1793.

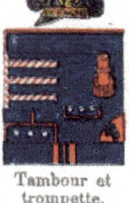

Tambour et
trompette.

Officier. 1786.   Canonnier à cheval.
                                   1793.

1797 — ARTILLERIE A CHEVAL — 1806.

Aérostier. 1793.

Canonnier.
à pied. (Empire.)

Officier.

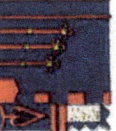 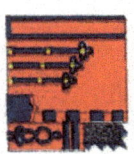   

Shako d'artillerie   Artilleur.   Trompette.   Officier.   Officier   Shako d'artillerie
à cheval. (Empire.)   Grande tenue.   Petite tenue.   à pied. (Empire.)

R. Humbert.

ARTILLERIE.

ARTILLERIE A PIED. 1812.   ARTILLERE A CHEVAL. 1812.   1816.

Artilleur.   Armurier.   Tambour.   Artilleur.   Trompette.   Artificier.

Artilleur à pied.
1816.

Artilleur 1829.

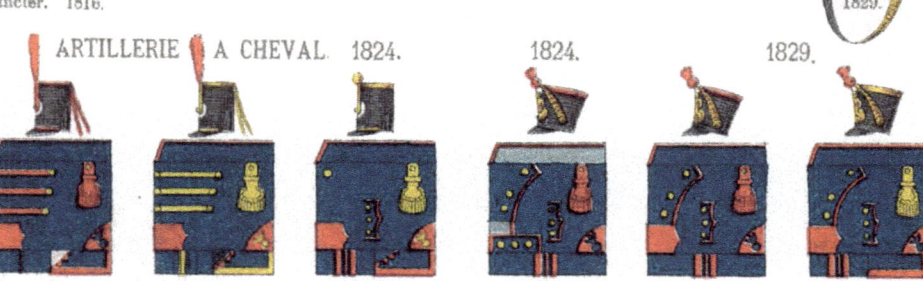

Ouvrier.   1816.

Artillerie.   1815.

Trompette.   1829.

à cheval.   à pied.

Officier.   1816.

1829.

ARTILLERIE A CHEVAL. 1824.   1824.   1829.

Artilleur.   Officier.   Officier.   Artificier.   1824.   Ouvrier.   1829.   Officier.   1829.
                 Grande tenue.   Petite tenue.

R. Humbert.

ARTILLERIE.

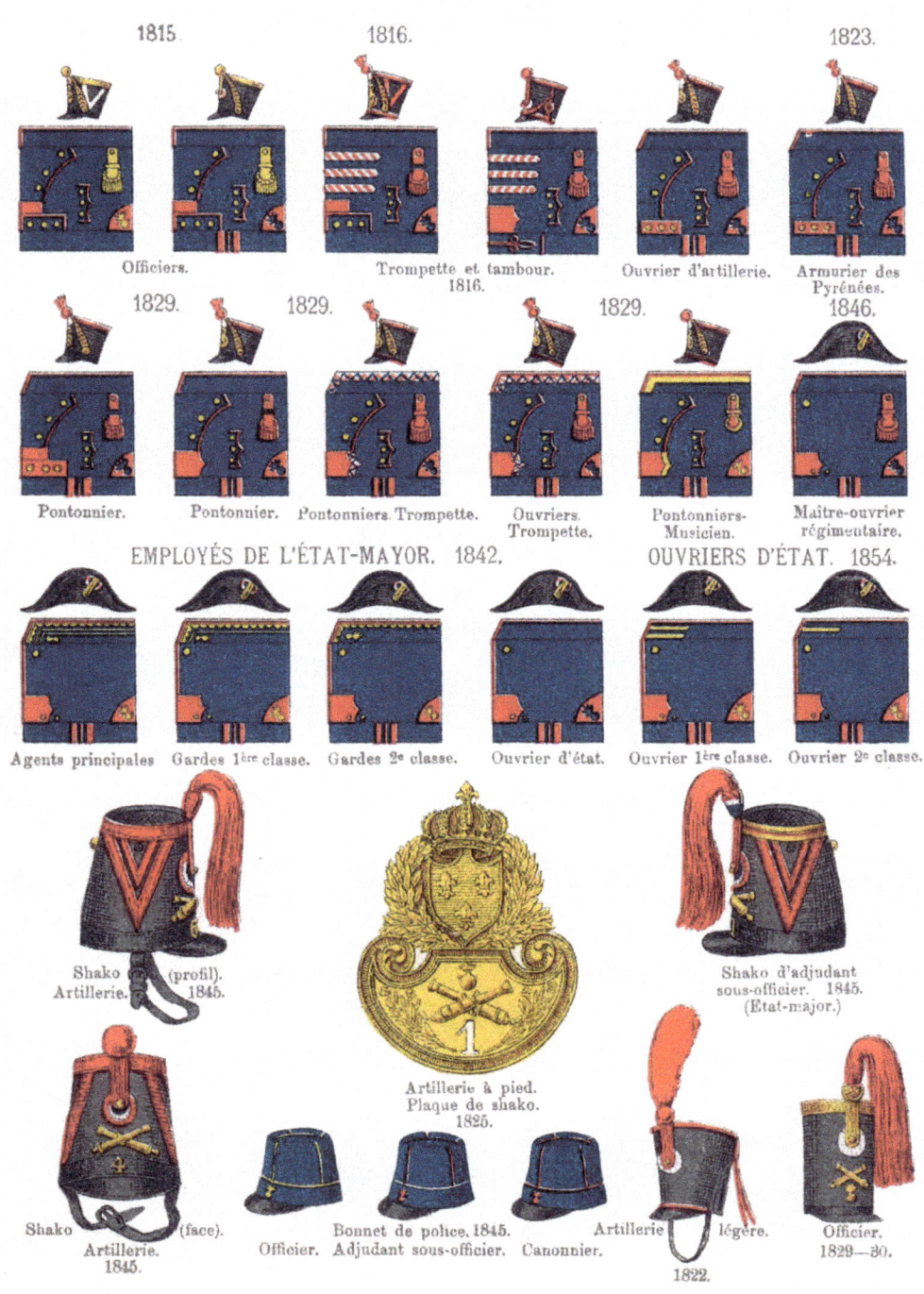

1815.   1816.   1823.

Officiers.   Trompette et tambour.   Ouvrier d'artillerie.   Armurier des
                          1816.   Pyrénées.

1829.   1829.   1829.   1846.

Pontonnier.   Pontonnier.   Pontonniers. Trompette.   Ouvriers.   Pontonniers-   Maître-ouvrier
                                                              Trompette.   Musicien.   régimentaire.

EMPLOYÉS DE L'ÉTAT-MAYOR. 1842.   OUVRIERS D'ÉTAT. 1854.

Agents principales   Gardes 1ère classe.   Gardes 2e classe.   Ouvrier d'état.   Ouvrier 1ère classe.   Ouvrier 2e classe.

Shako   (profil).   Shako d'adjudant
Artillerie.   1845.   sous-officier. 1845.
                                                                                      (État-major.)

Artillerie à pied.
Plaque de shako.
1825.

Shako   (face).   Bonnet de police, 1845.   Artillerie   légère.   Officier.
   Artillerie.   Officier.   Adjudant sous-officier.   Canonnier.   1829—30.
      1845.   1822.

R. Humbert.

ARTILLERIE.

1845—1854—1860.

Mors.
(Officier).
1845.

Giberne d'officier.
1845.

Cordon de shako.

Veste. 1845.

Aigrette
et
pompon.

Details de l'habit.
1845.

Boutons.   1845.
face.   profil.

Giberne de troupe.
1845—1846.

Plaque
de ceinturon.
1845.

Insigne de
bourrelier.

Shako.   1860.
Profil.
(sans plaque.)

Trompette.   Musicien.   Officier.   Canonnier.
1854.

Shako.   1860.
Face.
(avec plaque.)

Angle et ornements
de schabraque.
(Officier.) 1854.

Bonnet de police.
1860.
(Face.)   (Profil.)

Angle et ornements
de schabraque.
(Troupe.) 1854.

Dr. Lienhart et R. Humbert.

ARTILLERIE.

Officier. 1879.   Officier.   Artilleur.   Artilleur,   Pontonnier.   Artificier.
Grande tenue.   Tenue ordinaire. Grande tenue.   en veste.

Ouvrier d'artillerie   Musicien.   Officier de   Officier 1890,   Batteries alpines. Batteries alpines.
et artillerie de forteresse.   l'état-major.   en vareuse. Officier. (Tenue de camp.)

GARDES D'ARTILLERIE 1879.   (Dolman).

Principal 1ère classe. Principal 1ère classe.   Principal   Garde 1ère classe.   Garde 2e classe.   Garde 3e classe.
Grande tenue.   Tenue ordinaire   2e classe.

GARDES D'ARTILLERIE 1879.   (Vareuse).

Principal 1ère classe.   Principal 2e classe.   Garde 1ère classe.   Garde 2e classe.   Garde 3e classe.   Trompette.
                                                                                                        Artillerie de forteresse.

Porte-sabre.
1845.

Equipage de cheval.
(Officier.) 1845–46.

Poitrail. 1845.

Bouton. 1890.

Dr. Lienhart et R. Humbert.

ARTILLERIE.

Boutons.

Royal artillerie.   République.

Employés d'artillerie.
ayant été soldats. n'ayant pas été soldats.
13 août 1765.

Boutons.

Empire.   1890.

Empire.

Chapeau d'employé.
(Face.)

Plaque de shako.   1879.

Chapeau d'employé.
(Profil.)

Ornement de
bretelle de giberne.

Habit d'employé.
(Details.)

Ceinturon d'officier.
Grand tenue.   1845.

Habit d'artillerie.   1806.

Boucle de ceinturon
d'artillerie.   1860.
(Officier.)

Collet d'habit d'employé de l'état-major.   1845—46.

Colback de trompette.   1845.

Dr. Lienhart et R. Humbert.

14

TRAIN D'ARTILLERIE.

AN VIII.

AN IX.

Officier.   Soldat.   Compagnie d'élite.   Officier.   Soldat.   Compagnie d'élite.

1806.

Soldat. 1822.

Trompette. 1812.

Officier. 1812.

1812.

Officier du Train des parcs. 1860.

Trompette 1822.

TRAIN DES PARCS.

TRAIN D'ARTILLERIE.

    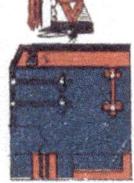

1829.   Officier. 1837.   Soldat.   1848.   1859.   1875.

Dr. Lienhart et R. Humbert.

TRAIN D'ARTILLERIE.

Soldat du train de parcs.
1837.

Canonnier conducteur d'artillerie
1830.

GARDES-CÔTES, CANONNIERS SEDÉNTAIRES, CONTROLEURS.

CANONNIERS GARDES-CÔTES.   CANONNIERS GARDES CÔTES ET SÉDENTAIRES.

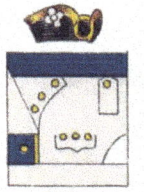    

Milice.   Canonnier. 1786.   Officier.   Canonnier. 1809.   République.—Empire.—Restauration.

CANONNIERS SÉDENTAIRES.   CONTROLEURS D'ARMES.

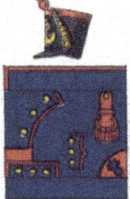     

1829.   1865.   1ère classe. 1826.   2e classe.

Plaque de giberne de
canonnier Gardes-côtes.
1er Empire.

Plaque de giberne de
milice Gardes-côtes (fusilier).
1765.

Plaque de giberne de
milice Gardes-côtes.
1772.

Dr. Lienhart et R. Humbert.

17

ARTILLERIE.   TRAIN D'ARTILLERIE, etc.

Shako.
Train des parcs 1848.

Bouton.

Cordon de shako.
Train des parcs. 1848.

Epaulette.
Train des parcs.
1848.

Shako.
Train d'artillerie. 1810.

Train d'artillerie.
1875.

Plaque de shako.
Canonniers Gardes-côtes.
1810.

Train d'artillerie.
An IX.

Parement
de canonnier vétéran.
1845.

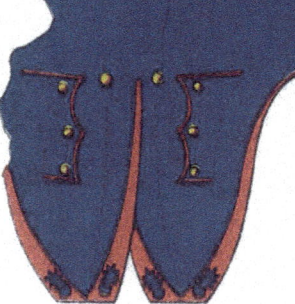

Habit
de canonnier vétéran.
1845.

Collet
de canonnier vétéran.
1845.

GÉNIE.

1736.

1745.

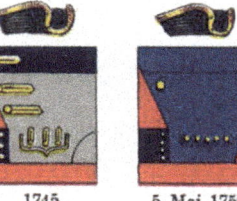
5 Mai 1758.
Officiers Ingénieurs.

20 Avril 1767.

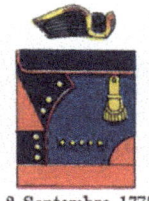
2 Septembre 1775.

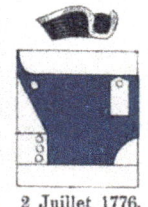
2 Juillet 1776.
Soldat pionnier.

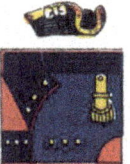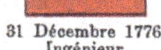
31 Décembre 1776.
Ingénieur.

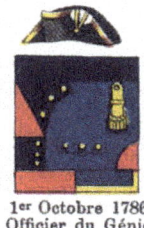
1er Octobre 1786.
Officier du Génie.

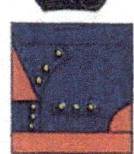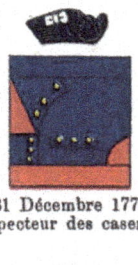
31 Décembre 1776.
Inspecteur des casernes.

1er Octobre 1786.
Inspecteur des casernes.

31 Décembre 1776.
Eclusier, casernier, gardien
des fortifications.

Ingénieur, 1745.   Officier du Génie (République)

1er Octobre 1786.
Eclusier, etc.

25 Primaire, an II.
Bataillon de sapeurs.

1er Vendémiaire.

5 Floréal.

An V.
Adjoints aux officiers du génie.

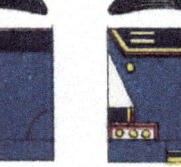
5 Floréal, an V.
Officier supérieur.

Officier subalterne.

République et Empire.
Corps du Génie jusqu'en
1806.

GÉNIE.

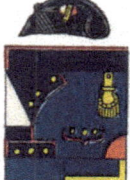     

21 Thermidor an VIII.   1er Vendémiaire. an XII.   1er Vendémiaire. an XII. petit uniforme.   Garde du Génie. 1ère classe.   Officier.   Soldat.

Empire 1805—1810.

VENDÉMIAIRE. AN XII.

Galon du manteau.

Garde du Génie. 1er Vendémiaire, an XII.
2e classe.   3e classe.   4e classe.

Ganse de chapeau.

Boutons.

1786.

Galon de housse.   Ornement de retroussis.   Gallon de bordure du chapeau.   Dragonne.

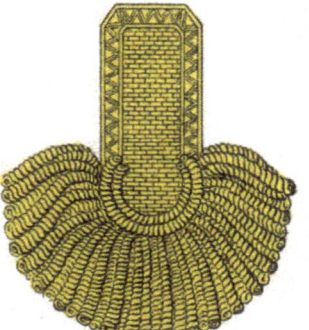   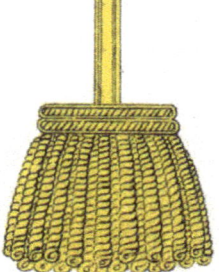

1er Vendémiaire, an XII.

Epaulette.   Plaque de ceinturon.   Torsade de chapeau.

R. Humbert.

GÉNIE.

Tambour 1806.   1812 et 1815.   Tambour 1812.   Officier.   Tambour 1816.   Tambour 1830.

Empire et Restauration.

Gardes du Génie, 10 Janvier 1817.   Gardes du Génie, 12 Avril 1832.

1ère classe.   2e classe.   3e classe.   1ère classe.   2e classe.   3e classe.

Ouvrier d'état.   Garde principal.   Retroussis. 1817.   Garde de 1ère classe.   Garde de 2e classe.

1823.   1862.   1862.   1862.

Collet des Gardes du Génie, 1er Mars 1832.

1ère classe.   2e classe.   3e classe.

 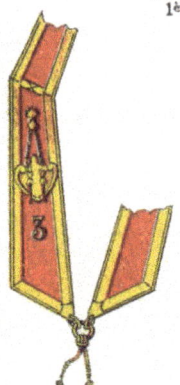   

Bouton des
sapeurs.
Révolution.

Bouton d'adjoint
du Génie.
1875.

Giberne de musicien.
1862.

Bouton d'officier.
1890.

Collier de tambour-major.
1864.

Tunique. 1864.

Employé des bâtiments
militaires. 1880.

Dr. Lienhart et R. Humbert.

GÉNIE.

Officier et
Etat-major.

Etat-major.
petit uniforme.
1844.

Troupe.

23 Avril 1864.

Soldat.
de République.

Tambour

Shako, 1844.

Plaque de shako.

Shako, 1864.

Chapeau.   (Etat-major.)

Shako, 1826.

Képi d'adjoint
principal.

Ecusson de bretelle
de giberne des
sapeurs-conducteurs.

Cuirasse et pot en tête.

Aigrette
et pompon.
1864.

Képi d'adjoint.

Officier. 1885.

Adjoints principaux.
1ère classe.   2e classe.

Adjoints du Génie.
1ère classe.   2e classe.   3e classe.

Dr. Lienhart et R. Humbert.

22

GÉNIE.

Chef-ouvrier.   Officier supérieur (État-major).   Officier.
1850.   1850.   1861.

GÉNIE.

Pl. 18.

Sapeur-
conducteur.
1873.

Sapeur.
Tenue de tranchée.
1854

Sergent-fourier.
Tenue de ville (hiver).
1860.

Soldat.
1810.

Sergent.
1846.

Tambour-major.
1824.

Sergent-major.
1824.

Dr. Lienhart et R. Humbert,

TRAIN DU GÉNIE.   ARMEMENT AN XII.

1806.   1806. Trompette.   1812.   1812. Trompette.   Restauration.   1822. Trompette.
              (Pantalon de cheval.)

Coquille de l'epée.

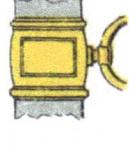

Garnitures du fourreau.

Garnitures du fourreau.

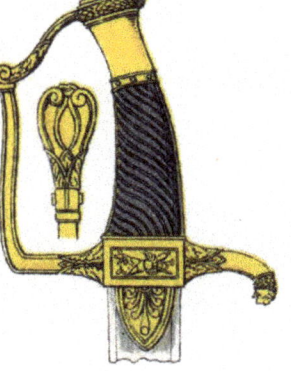

1890. Sections techniques.   1850.   1850.
Premier ouvrier.   Sapeur-conducteur.   Sapeur.

Poignée de l'epée.   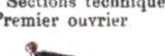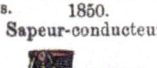    Poignée du sabre.

Poignée de l'epée.   1822.   1831.   1831. Trompette.   Poignée du sabre.

TRAIN DES ÉQUIPAGES.

TRANSPORTS MILITAIRES. — TRAIN DES ÉQUIPAGES. — PARCS AUXILIAIRES.

    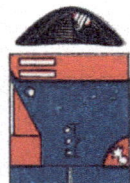 

20 Vendémiaire An II. Inspecteurs des charrois.   Entrepreneurs généraux.   Directeurs.   Inspecteurs.   Contrôleurs.   Chefs de division.

Conducteurs.

Hommes haut le pied.

1807.

1808.

1808. Officier.

Officier du Train. 1810.   Charretier des vivres 1745.

1812.

 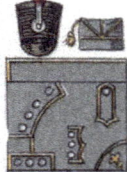  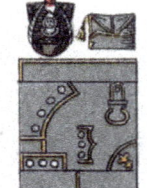  

1812. Trompette (Pantalon de cheval.)   Restauration.   Trompette.   23 Septembre 1822. Soldat.   Officier.   Employés et sous-chef des parcs auxiliaires 1823.

TRAIN DES ÉQUIPAGES.

SERVICES AUXILIAIRES. — TRAIN DES ÉQUIPAGES.

Agent en chef. Directeur. Inspecteur. Chef de parc. Conducteur en chef. Adjudant.
Parcs auxiliaires — 25 Février 1823. Commandant de Brigade.
Brigades de Mulets. — 25 Février 1823.

Employés des
brigades de mulets.

25 Mars 1827.

 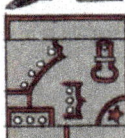

1831.

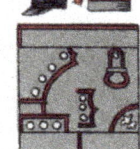  

1833 — 1845.

  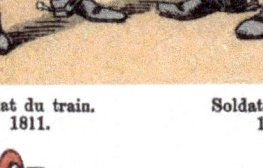 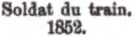 

1845. Officier. Soldat du train. Soldat du train. 1848.
1811. 1852.

 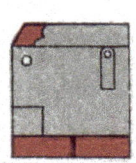 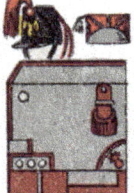 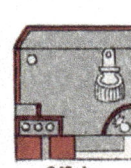 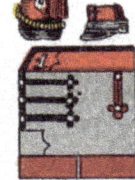 

1er Avril 1852. 28 Novembre 1853. 26 mars 1861. Officier. 1879. Officier.
Compagnies légères. Compagnies légères.

TRAIN DES ÉQUIPAGES.

Boutons.

Révolution.

Shako 1819.

1890.
Képi de grande tenue.
(Officier).

Boutons.

1845.

1861.

Contre-epaulette.
1845.

Bouton. 1879.

Details de l'habit. 1845.

1845.
Shako d'officier.

Detail de l'habit.
1845.

Shako. 1845.

Shako d'adjudant
sous-officier. 1845.

Bonnet de police.
1845.

Bosettes de mors.
1845.   1848.

Plaque de shako 1861.

Pompons.
Etat-major.   Section hors rang.

TRAIN DES ÉQUIPAGES.

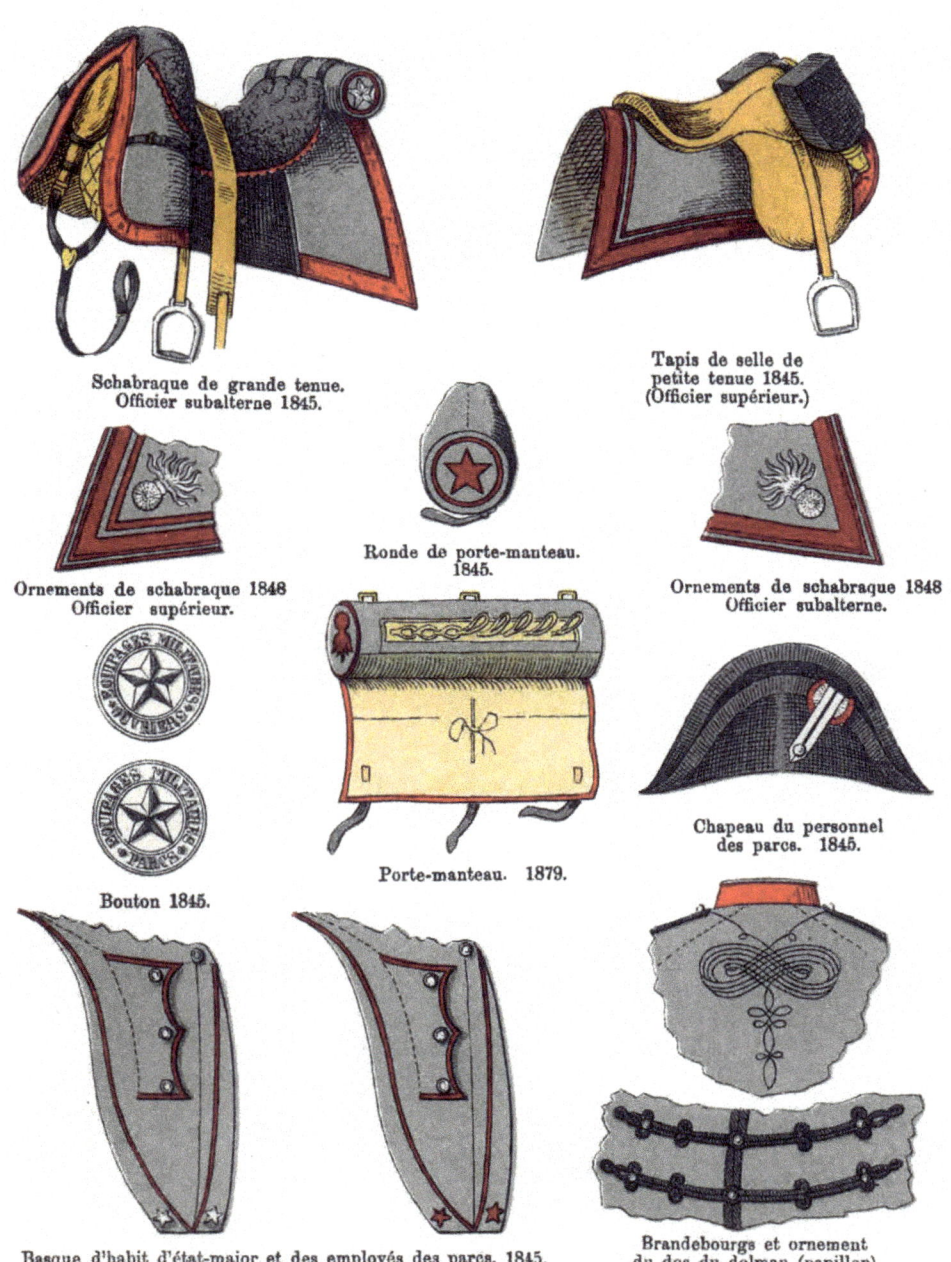

Schabraque de grande tenue.
Officier subalterne 1845.

Tapis de selle de
petite tenue 1845.
(Officier supérieur.)

Ornements de schabraque 1848
Officier supérieur.

Ronde de porte-manteau.
1845.

Ornements de schabraque 1848
Officier subalterne.

Bouton 1845.

Porte-manteau. 1879.

Chapeau du personnel
des parcs. 1845.

Basque d'habit d'état-major et des employés des parcs. 1845.

Brandebourgs et ornement
du dos du dolman (papillon)
pour officiers. 1879.

TRAIN DES ÉQUIPAGES.

Pl. 24.

Dolman 1879. (devant.)
Insigne de grade: Brigadier.

Garde de 1ère classe. 1845.

Garde de 2e classe. 1845.

Dolman 1879. (dos.)

Garde de 3e classe et sous-chef ouvrier.
1845.

Garde de 4e classe.
1845.

Ouvrier d'état.
1845.

Soldat du train. 1879.

Capote d'homme non-monté.
1879.

Officier du train. 1879.

CORPS DE LA REMONTE.

11 avril 1831.   14 juin 1831.   23 juillet 1855.   23 juillet 1855.   1865.
                                               Cavalier.   Officier.   Officier, petite tenue.

France. 4 octobre 1860. Algérie.   15 mars 1879.
Officiers supérieurs détaché au service   Cavalier.   Officier.
de la remonte générale.

Patte d'épaule de
la veste. 1879.

Dolman 1879. (devant.)   Dolman 1879. (dos.)

Insigne de grade.   Trompette 1879.
Officier. 1879.   Veste. 1879.   Paremeut et collet.

Dr. Lienhart et R. Humbert.

CORPS DE LA REMONTE.

Ornement   de giberne.

1879.

Casquette.
1855.

Casquette.
1879.

Officier.   1879.   Soldat.

1879.
Pantalon.
(France.)

Ornement de banderolle
de giberne. 1879.

1879.
Pantalon.
(Algérie.)

Dr. Lienhart et R. Humbert.

32

COMMISSAIRES DES GUERRES.

27 Mars 1746.   2 Septembre 1775.   14 Septembre 1776.   1er Octobre 1786.

Commissaires-ordonnateurs.   Commissaires.   Commissaires.   Commissaires non employés.   Intendant des armées.

1er Octobre 1786.

14 Mai 1788.

Ordonnateurs.   Principaux.   Commissaires des guerres. à département.   Ordinaires.   Non employés.   Commissaire ordonnateur.

14 Mai 1788.

20 Septembre 1791.

Commissaire.   Eléve commissaire.   Ordonnateur.   Auditeur.   Ordinaire.   Aide-Commissaire.

16 Décembre 1791.

16 Avril 1793.

Ordonnateurs.   Auditeurs.   Ordinaires.   Aide-Commissaire.   Commissaires-Ordonnateurs de 1ere classe.   de 2e classe.

16 Avril 1793.

28 Nivôse An III.

27 Messidor An VIII.

Commissaires des guerres de 1ere classe.   de 2e classe.   Ordonnateurs en chef.   Ordonnateurs.   Commissaires des guerres.   Ordonnateurs en chef.

R. Humbert.

33

COMMISSAIRES DES GUERRES.
INSPECTEURS AUX REVUES — INTENDANTS.

27 Messidor An VIII.   1er Vendémiaire An XII.

 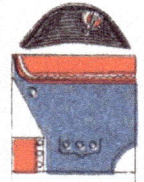    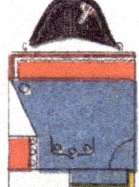

| Ordonnateurs de division. | Commissaires ordinaires. | Adjoints. | Ordonnateurs en chef. | Ordonnateurs de division. | Commissaires ordinaires. |

INSPECTEURS AUX REVUES.

1er Vend. An XIII.   9 Pluviose An VIII.   27 Messidor An VIII.

     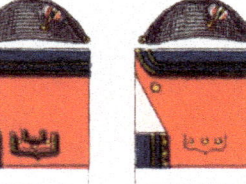

| Adjoints. | Inspecteurs généraux. | Inspecteurs. | Sous-inspecteurs. | Inspecteur en chef. | Inspecteur. |

27 Messidor An VIII.   1er Vendémiaire An XII.

INTENDANTS.
29 Juillet 1817.

| Sous-inspecteur. | Inspecteur en chef. | Inspecteur. | Sous-inspecteur. | Intendant. | Sous-intendant. |

29 Juillet 1817.   18 Septembre 1822.   23 Juillet 1844.

| Adjoint. | Intendant. | Sous-intendant. | Adjoint. | Intendant, petite tenue en frac. | Intendant; grande tenue. |

23 Juillet 1844.   14 Janvier 1854.

| Intendant, petite tenue. | Sous-intendant de 1ère classe. | Sous-intendant de 2e classe. | Adjoint de 1ère classe. | Adjoint de 2e classe. | Intendant. |

INSPECTEURS AUX REVUES ET COMMISSAIRES DES GUERRES.

1er Vendémiaire An XII.

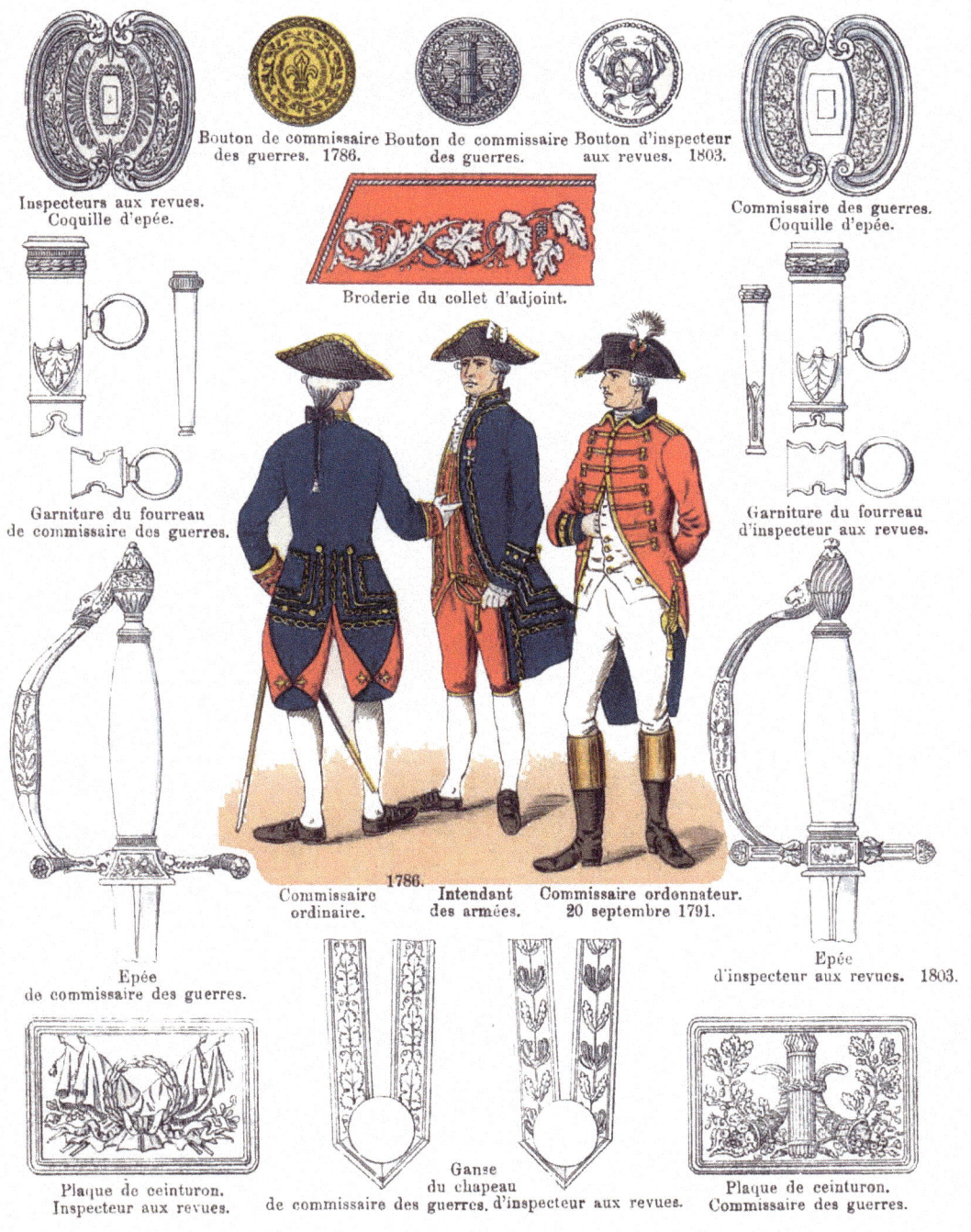

Bouton de commissaire
des guerres. 1786.

Bouton de commissaire
des guerres.

Bouton d'inspecteur
aux revues. 1803.

Inspecteurs aux revues.
Coquille d'epée.

Commissaire des guerres.
Coquille d'epée.

Broderie du collet d'adjoint.

Garniture du fourreau
de commissaire des guerres.

Garniture du fourreau
d'inspecteur aux revues.

1786.

Commissaire
ordinaire.

Intendant
des armées.

Commissaire ordonnateur.
20 septembre 1791.

Epée
de commissaire des guerres.

Epée
d'inspecteur aux revues.   1803.

Ganse
du chapeau
de commissaire des guerres. d'inspecteur aux revues.

Plaque de ceinturon.
Inspecteur aux revues.

Plaque de ceinturon.
Commissaire des guerres.

INSPECTEURS AUX REVUES ET COMMISSAIRES DES GUERRES.

Broderies de commissaire
des guerres et intendant
d'armée. 1786.

Broderies de commissaire
des guerres. 1803.

Commissaire des guerres.   Sous-inspecteur aux
1er vendémiaire an XII. revues. 1er vend. an XII.

Retroussis, grande tenue.

Echarpe pour inspecteur
en chef aux revues.

Broderies pour inspecteur
aux revues. 1803.

Ecusson de taille.

Collet,
grande tenue.

Parement, grande tenue.

Collet, petite tenue.

Intendant 1822.

INTENDANCE.

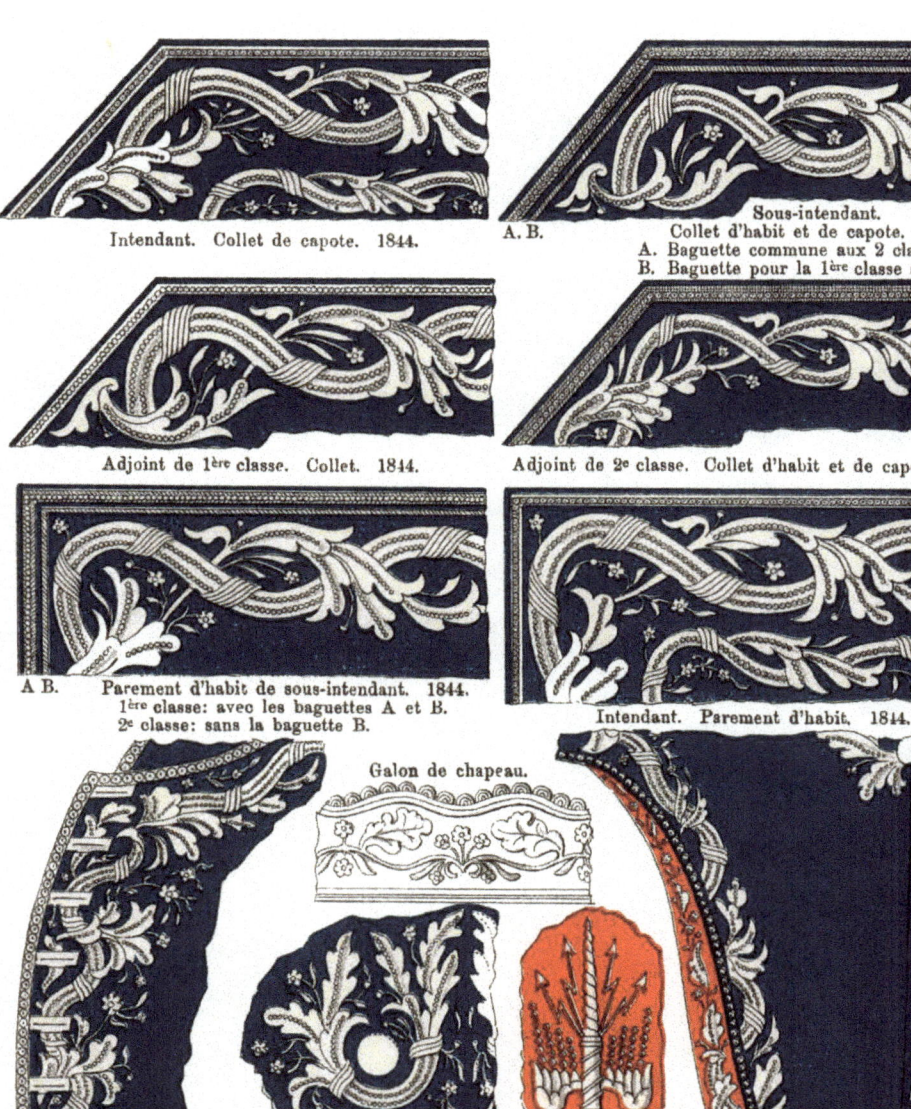

Intendant. Collet de capote. 1844.

A. B.   Sous-intendant.
Collet d'habit et de capote. 1844.
A. Baguette commune aux 2 classes.
B. Baguette pour la 1ère classe seulement.

Adjoint de 1ère classe. Collet. 1844.

Adjoint de 2e classe. Collet d'habit et de capote. 1844.

A B.   Parement d'habit de sous-intendant. 1844.
1ère classe: avec les baguettes A et B.
2e classe: sans la baguette B.

Intendant.   Parement d'habit.   1844.

Galon de chapeau.

Ecusson de taille. 1844.

Ornement de retroussis.

Intendant. 1844.
Devant d'habit.

Parement de capote pour sous-intendant
de 1ère classe.   de 2e classe.

Intendant. 1844.
Basque d'habit.

INTENDANCE. — SUBSISTANCES. — EQUIPAGES.

14 JANVIER 1854.

1822. Bouton d'Intendant.

Sous-Intendant de 1ère classe.

Sous-Intendant de 2e classe.

Adjoint de 1ère classe.

Adjoint de 2e classe.

Bouton d'employé du service des vivres. (République.)

AN XII.   8 AOUT 1825.

Vivres-pain.

Vivres-viande.

Fourrages.

Chauffage.

Directeur.

Agent comptable et commis de 1ère classe.
Service des subsistances.

8 AOUT 1825.   29 JANVIER 1823. — SERVICE DES SUBSISTANCES.

Elève.
Service des subsistances.

Commis ordinaire.

Directeur.
(Vivres-viande.)

Inspecteur.
(Vivres-pain.)

Garde-magasin.
(Fourrages).

Aide-garde-mag. et employés secondaires (Vivres-viande.)

AN XII. EQUIPAGES ADMINISTRATIFS.

  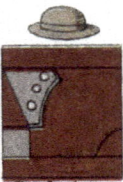 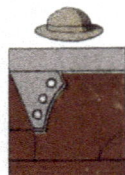  

Employés divers.

Capitaine.

Conducteur.

Fourrier.

Inspecteur.

Sous-inspecteur (pantalon de cheval) près les camps et armées.

AN XII.

  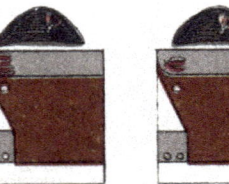  

Bouton d'employé du service des subsistances. (République).

Agent en chef.
Employés supérieurs.

Agent chargé du service dans un camp.

Chef de division.

Service de l'imprimerie.

Bouton d'employé du service des vivres. 1823.

Dr. Lienhart et R. Humbert.

SERVICE DE L'HABILLEMENT.
OUVRIERS ET JOURNALIERS DES DIVERS SERVICES.

AN XII.

25 FÉVRIER 1823.

Employée.

Journaliers et
ouvriers.

Directeur.

Inspecteur.

Garde-magasin.

Aide-garde-magasin
et employé secondaire.

Agents principaux
4 août 1828.

Garde-magasin
4 août 1828.

Aide-garde-magasin
4 août 1828.

1844.
Sous-Intendant
de 1ère classe.

1825.
Agent comptable du
service des subsistances.

1823.
Inspecteur du service
de l'habillement.

Ouvriers et journaliers du
service des vivres-viande.
An XII.

Ouvriers et journaliers du
service des fourrages.
An XII.

Ouvriers et journaliers du
service du chauffage.
An XII.

Ouvriers et journaliers
du service des vivres-pain.
An XII.

Bosette
de mors.

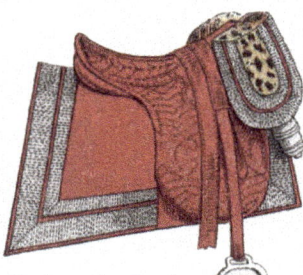

Equipage de cheval
d'Intendant. 1844.

Couvres-fontes
de petite tenue.

Ouvriers et journaliers du
service de l'imprimerie.
An XII.

Dr. Lienhart et R. Humbert.

CORPS DE SANTÉ.

Pl. 34.

1757.

1775.

Chirurgien-major.
des armées.

Aide-major

Chirurgien-major
des hôpitaux.

Garçon chirurgien.

Médicins-inspecteurs
et premiers médicins
des armées.

Médicins des
hôpitaux et
des armées.

Surnuméraires
1775.

Chirurgiens-inspecteurs
des hôpitaux et armées
et chirurg.-majors des armées.
1786.

Chirurgiens-inspecteurs
et chirurgiens-majors
des armées. 1775.

Chirurgiens-majors
des hôpitaux, forts, etc.
1786.

Chirurgiens-majors.
1775.

Médicin
1786.

Médicin
de 1ère classe.

Pharmacien
de 2e classe.
Au XII.

Chirurgien
de 1ère classe.
Petite tenue d'été.

Chirurgiens-aîde-majors
des hôpitaux et armées
1786.

Garçons chirurgiens et
surnuméraires. 1775.

Chirurgien-
major
1776.

Médicins-inspecteurs
et premiers médicins
des armées.

Médicins des
hôpitaux et armées
1786.

Médicins
surnuméraires.

Elèves chirurgiens des
armées et surnuméraires
employés. 1786.

CORPS DE SANTÉ.

1786.

AN IV.

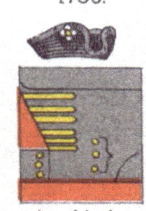
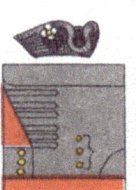

Apothicaire-major des armées et hôpitaux.   Apothicaire aide-major.   Apothicaire-élève.   Médecin-inspecteur général et médecin en chef.   Chirurgien en chef.   Pharmacien en chef.

AN IV.

Médecin de 1ère classe.   Chirurgien de 1ère classe.   Pharmacien de 1ère classe.   Médecin de 2e classe.   Chirurgien de 2e classe.   Pharmacien de 2e classe.

AN IV.   AN XII.

Médecin de 3e classe.   Chirurgien de 3e classe.   Pharmacien de 3e classe.   Membres du conseil de santé des armées.   Inspecteurs généraux.   Médecin en chef des armées.

AN XII.

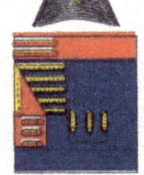

Chirurgien en chef des armées.   Pharmacien en chef des armées.   Professeur dans les hôpitaux militaires.   Médecin de 1ère classe.   Chirurgien de 1ère classe.   Pharmacien de 1ère classe.

AN XII.

Médecin de 2e classe.   Chirurgien de 2e classe.   Pharmacien de 2e classe.   Médecin de 3e classe.   Chirurgien de 3e classe.   Pharmacien de 3e classe.

CORPS DE SANTÉ.

AN XII.

Bouton de Médecin.
1786.

Elève chirurgien.

Elève mèdicin.

Elève pharmacien.

Bouton de Chirurgien
1786.

Galon du manteau.

Médecin. (Tenue de route)
1805—1814.

Ganse du chapeau.

Galon d'habit.

Plaque de ceinturon.

Galon de veste.

Bouton. An XII.

Boutonnière.

Galon de housse.

Bouton de Médecin.
Garde Imperiale. 1805—1814.

CORPS DE SANTÉ.

4 SEPTEMBRE 1821.

Médecin en chef.   Chirurgien en chef.   Pharmacien en chef.   Médecin principal.   Chirurgien principal.   Pharmacien principal.

4 SEPTEMBRE 1821.

Médecin ordinaire.   Chirurgien-major.   Pharmacien-major.   Médecin-adjoint.   Chirurgien aide-major.   Pharmacien-aide-major.

4 SEPTEMBRE 1821.   4 OCTOBRE 1821.   22 DEC.^{BRE} 1821.

Chirurgien-sous-aide.   Pharmacien-sous-aide.   Membre du conseil de santé des armées.   Chirurgien-sous-aide.   Pharmacien-sous-aide.   Chirurgien en chef.

22 DECEMBRE 1821.   1 Avril 1831.

Chirurgien principal.   Chirurgien-major.   Chirurgien-aide-major.   Chirurgien-sous-aide.   Elève chirurgien.   Elève pharmacien.

14 JUILLET 1844.

Inspecteur.   Médecin principal de 1ère classe.   Pharmacien principal de 1ère classe.   Chirurgien principal de 1ère classe.   Médecin principal de 2e classe.   Chirurgien principal de 2e classe.

43

CORPS DE SANTÉ.

Pl. 38.

14 JUILLET 1844.

Pharmacien principal de 2e classe.　Médecin de 1ère classe.　Chirurgien-major de 1ère classe.　Pharmacien-major de 1ère classe.　Médecin de 2e classe.　Chirurgien-major de 2e classe.

Pharmacien-major de 2e classe.

Pharmacien-aide-major de 1ère classe.

Médecin-adjoint de 1ère classe.

Médecin adjoint de 2e classe.

1821.
Pharmacien-major.

1844.
Chirurgien-major de 1ère classe.

1844.
Elève de l'hôpital de perfectionnement.

Chirurgien-aide-major de 1ère classe.

Chirurgien-aide-major de 2e classe.

Ornement de giberne.　Pharmacien-aide-major de 2e classe.　Chirurgien sous-aide.　Chirurgien attaché à l'hôpital de perfectionnement.　Chirurgien élève attaché aux hôpitaux d'instruction.　Broderie des retroussis d'habit.

Pl. 39.

CORPS DE SANTÉ.

Broderie pour Inspecteur. (Collet.)

Collet de Médecin (broderie pour médecins, chirurgiens et pharmaciens majors) de 1ère classe.

Collet de Chirurgien sous-aide.

Patte d'épaule.

Baguette pour bonnet de police d'inspecteur et d'officier de santé principal.

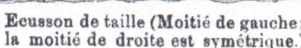

Baguette pour élève de l'hôpital de perfectionnement.

Baguette unie de la 2e classe de grade.

Baguette dentelée de la 1ère classe de grade.

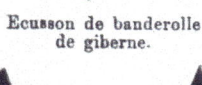

Ecusson de taille (Moitié de gauche; la moitié de droite est symétrique.)

Ecusson de banderolle de giberne.

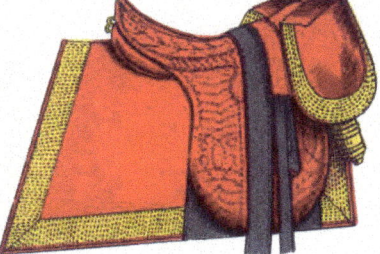

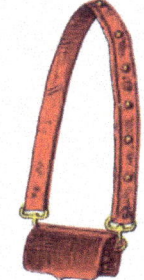

Giberne.

Equipage de cheval pour inspecteurs.

Giberne recouverte de son étui.

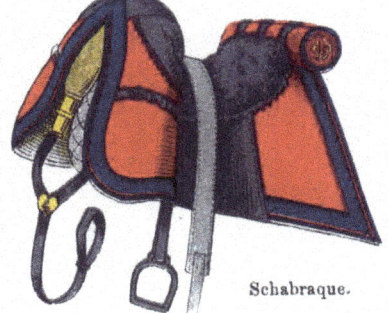

Tapis de selle. (Petite tenue.)

Schabraque pour officiers de santé principaux.

Schabraque.

CORPS DE SANTÉ.

23 MARS 1852.

Médecins principaux
de 1ère classe.   de 2e classe.

Médecins
de 1ère classe.   de 2e classe.

Médecins-adjoints
de 1ère classe.   de 2e classe.

23 MARS 1852.   4 MARS 1854.

Pharmacien
de 1ère classe.

Médecin et chirurgien
auxiliaire.

Pharmacien civil
commissioné
et auxiliaire.

Médecins principaux
de 1ère classe.   de 2e classe.

Médecin-major
de 1ère classe.

4 MARS 1854.

Médecin-major
de 2e classe.

Médecins aide-majors
de 1ère classe.   de 2e classe.

Pharmaciens principaux
de 1ère classe.   de 2e classe.

Pharmacien-major
de 1ère classe.

4 MARS 1854.

1844.

Bonnet de police
pour
inspecteurs.   officiers de santé
principaux.

Pharmacien-major
de 2e classe.

Pharmaciens-aide-majors
de 1ère classe.   de 2e classe.

1844.

Bonnet de police
pour
tous grades.   élèves.

1854.

Bonnet de police
pour
aides-majors.   médecins- et
pharmaciens-majors.

Bouton.
1844.

Bouton.
1890.

1854.

185   Bonnet de police
pour
officiers de santé   inspecteurs.
principaux.

Pl. 41.

INFIRMIERS.

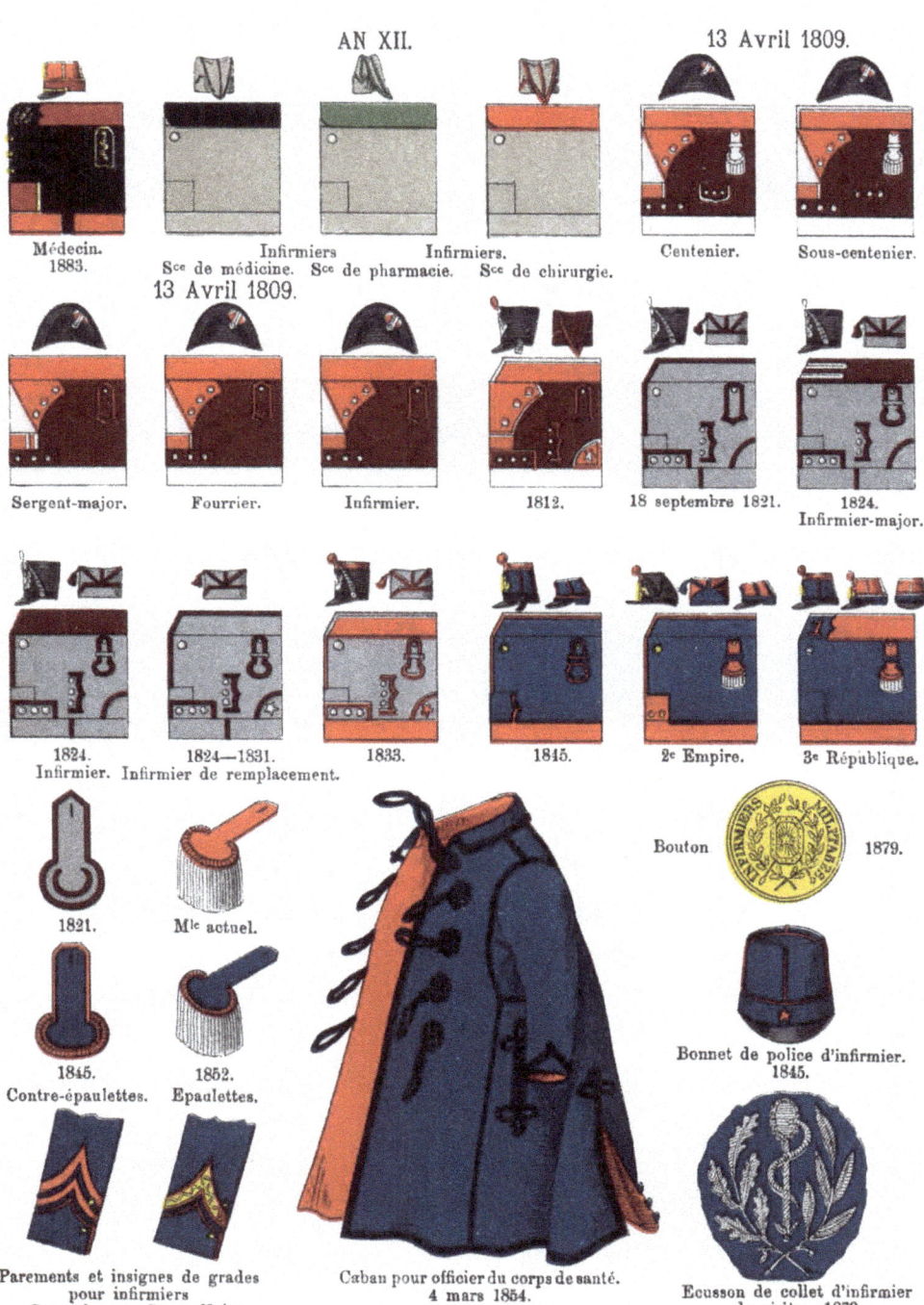

AN XII.

13 Avril 1809.

Médecin.
1883.

Infirmiers
S^{ce} de médicine.

Infirmiers.
S^{ce} de pharmacie.

S^{ce} de chirurgie.

Centenier.

Sous-centenier.

13 Avril 1809.

Sergent-major.

Fourrier.

Infirmier.

1812.

18 septembre 1821.

1824.
Infirmier-major.

1824.
Infirmier.

1824—1831.
Infirmier de remplacement.

1833.

1845.

2e Empire.

3e République.

Bouton

1879.

1821.

M^{le} actuel.

1845.
Contre-épaulettes.

1852.
Epaulettes.

Bonnet de police d'infirmier.
1845.

Parements et insignes de grades
pour infirmiers
Caporal.   Sous-officier.
1845.

Cæban pour officier du corps de santé.
4 mars 1854.

Ecusson de collet d'infirmier
de visite. 1879.

Dr. Lienhart et R. Humbert.

47

SERVICE ADMINISTRATIF DES HOPITAUX.

24 THERMIDOR AN VIII.

30 floréal an IV. | Membres du Directoire central. | Membres du Directoire et Conseil d'adm^{on} d'armée. | Conseil d'administration d'hôpital. | Economes. | Employés.

1er VENDÉMIAIRE AN XII.

Directoire central. (Grande tenue.) — (Petite tenue.) | Directoire d'armée et Conseil d'adm^{on}. (Grande tenue.) — (Petite tenue.) | Economes. | Employés

3 MARS 1823.

Agent en chef. | Directeur principal. (Tenue d'été.) | Directeur. | Commis principal. | Commis. | Commis de détail.

1824.

Galon d'habit d'Administrateur. An XII. | Officier principal. | Officier comptable. | Adjudant de 1ère classe. | Adjudant de 2e classe. | Galon de l'équipage de cheval pour administrateurs montés.

Révolution. | An XII. | Ornement de képi de 1ère tenue pour infirmiers. 1887. | Empire. | Restauration.

1821. | 1830. | Broderie pour officiers principaux et comptables. 1821. | 2e Empire.

Dr. Lienhart et R. Humbert.

VÉTÉRINAIRES.

7 FÉVRIER 1812.

Vétérinaires
de grosse cavalerie. de cavalerie légère.

31 DÉCEMBRE 1826.

Vétérinaires en 1er.   Vétérinaires en 2e.
(1er dragons). (1er chasseurs).   (8e dragons.   (7e chasseurs).

18 MARS — 29 MAI 1843

Vétérinaire   Vétérinaire   Aide vétérinaire.   Sous-aide
principal.   en 1er.   vétérinaire.

10 JUIN 1852.

Vétérinaire   Vétérinaire de
principal.   de 1ère et 2e classe.

10 JUIN 1852.

Aide vétérinaire   Vétérinaire
de 1ère et 2e classe.   principal.

28 MARS 1854.

Vétérinaire   Aide vétérinaire
de 1ère et 2e classe.   de 1ère et 2e classe.

29 FÉVRIER 1860.

Vétérinaire   Vétérinaire en 1er.
principal.

29 FÉVRIER 1860.

Vétérinaire en 2e   Aide vétérinaire

Ornement de giberne.   **1845.**   Vétérinaire stagiaire

1860.

1885.

Capote pour vétérinaire
principal et en 1er.

1845.

10 juin 1852.

28 mars 1854.

Capote pour aide et sous-aide 1845.

Giberne 1845.

Patte d'épaule.   Collet d'habit de vétérinaire principal. (Vétérinaire
10 juin 1852. en 1er: même collet, sans baguette dentelée). 1845.

SERVICE DE SANTÉ.

Brassard du personnel
médical.

Pharmacien.
1885.

Bidon pour
infirmiers.

Vétérinaire.
1899.

Brassard pour
personnel médical [1].

Brassard de brancardier
régimentaire.

Pavillon
de la
Convention de Genève.

Brassard de brancardier
régimentaire, (ancien modèle).

Infirmier.   Aide vétérinaire.   Administration   Infirmiers,
1855.   1845.   des hôpitaux.   1er Empire.   1830.   1844—45.
                                Econome. An XII.

_____
[1] Modèle porté parfois.

ADMINISTRATION ET OUVRIERS MILITAIRES D'ADMINISTRATION.

Officier principal.   Officier comptable.   Adjudant en 1er.   Adjudant en 2e et auxiliaire.   Commis de 1ère classe.   Commis de 2e classe.

OUVRIERS D'ADMINISTRATION.

Commis de 3e classe.   1885   1900.   1811–1813.   1830.

OUVRIERS D'ADMINISTRATION.

1845.   8 octobre 1845.   4 juillet 1853.   1866.   1872–79.   1854.

1845.
Collet d'officier d'administration principal
pour officier comptable, broderies A, B, C.
pour adjudant d'administration en 1er, broderies A, B.
pour adjudant en 2e et auxiliaire, broderie A.

Veste de Sous-off.
des commis militaires d'administration.

1845.
Collet de commis entretenue de 1ère classe,
de 2e classe avec broderies A et B.
de 3e classe avec broderie A.

Boutons. 1845.

Fonte de barnachement.
1845. Off. d'administon.

Boutons. 1845.   Type actuel.

Tresses du Képi.
Officiers d'administration adjoints
de 2e classe.   de 1ère classe.

c. Collet du dolman pour
Officier principal. 1883.

Tresses du Képi
Officier d'administon   Officier
de 1ère classe.   principal.

JUSTICE MILITAIRE.

Pl. 46.

12 MAI 1793.

Officier de police
de sûreté aux armées.

1854.

Plaque de Képi de 1ère tenue.
Officier d'administration.

1854.

12 MAI 1793.

Officier de l'accusation
militaire.

24 NOVEMBRE 1846.

Magistrat.

Greffier.

Greffier non
officier.

Huissier et
Appariteur.

Surveillant
des prisons militaires.

Greffier

24 NOVᵇʳᵉ 1849.

24 OCTOBRE 1854.

24 OCTOBRE 1854.

Concierge de 1ère
et 2ᵉ classe.

Magistrat.

Greffier.

Commis greffier.

Huissier et
Appariteur.

Officier d'admᵒⁿ
des prisons.

24 OCTOBRE 1854.

1869.

1883.

1900

Adjudant d'admᵒⁿ
des prisons.

Sous-officiers
surveillants.

Adjudant.

Sous-officier.

Officiers de l'admᵒⁿ pénitentiaire.

Broderie
pour
agents
de

l'admini-
stration
péniten-
tiaire.

1849.

Broderie de collet de greffier. 1849.

Habit
d'employé de
la justice
militaire
1849.

Broderie pour collet de magistrat. 1849.

Dr. Lienhart et R. Humbert.

COMPAGNIES DE DISCIPLINE.

Pl. 47.

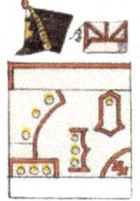

Fusiliers.
1818.

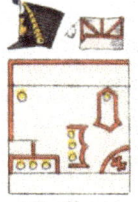

Fusiliers.
1818—1819.

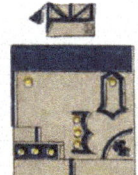

Pionniers.

Fusiliers.
1828.

1832—44.

Fusiliers.
1834.

Pionniers.
1834.

1845.

1860.

Pionnier.
1835.

1867.

1872—79.

Officier.
1883.

Parement de tunique.
Tambour. 1844—45.

Officier.
1893.

Contre-épaulette
1844. (1822—1844).

Cies de discipline.
1872.

Bouton.

53

CORPS DE CONTROLE. 1882.

Collet de tunique de Contrôleur de 1ère classe.

Bande du pantalon pour
Contrôleurs de tous grades.

Parement de tunique de Contrôleur
de 1ère classe.
Pour Contrôleur de 2e classe, même broderie
moins la baguette A.

Collet de tunique de Contrôleur de 2e classe.

Collet de tunique de Contrôleur général
de 2e classe.

Collet de tunique de Contrôleur adjoint.

Parement de tunique de Contrôleur adjoint.

Fonctionnaire du Corps du Contrôle.

Bandeau de képi de
Contrôleur adjoint.

Galon de chapeau pour
Contrôleurs de tous grades.

Bandeau de képi de Contrôleur
général de 2e classe.

Bandeau de képi pour Contrôleur
de 1ère classe.
Pour Contrôleur de 2e classe, même
bandeau, moins la baguette A.

Collet de tunique de Contrôleur général
de 1ère classe.

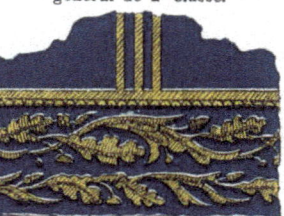

Bandeau de képi de Contrôleur
général de 1ère classe.

ADMINISTRATION.

Broderie de collet d'officier
d'administration du corps de santé
1900.

Secrétaires d'Etat-major
1862.   1879.

Officier d'adm^{on}
du service d'Etat-major.

Ornement de képi de 1ère tenue
des secrétaires d'Etat-major
et de Recrutement.

Collet d'élève d'administration. 1879.

Plaque de ceinturon.
Élèves d'administration.

Collet des secrétaires
d'Etat-major et de Recrutement.

Chapeau d'élève
d'administration. 1879.

Capote d'élève
d'administration. 1879.

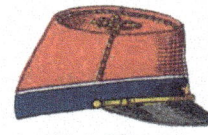

Képi d'élève
d'administration.

Sections de secrétaires d'Etat-major
•et de Recrutement.
1879.

Corps du
Contrôle. 1882.

Parement de tunique pour Contrôleur
général de 2e classe. 1882.

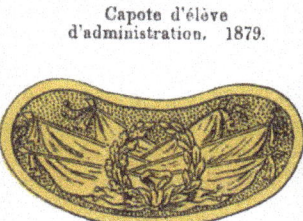

Coquille d'épée pour Contrôleurs
de tous grades.

Parement de tunique pour Contrôleur
général de 1ère classe. 1882.

55

CORPS DES DOUANES.

Pl. 50.

AN VIII.

Officier.

Préposé.

AN X.

Directeur général.

Administrateur.

Secrétaire général et Directeur de département.

AN X.

Inspecteur.

AN X.

Receveur principal.

Contrôleur aux visites.

Receveur particulier et Visiteur.

Plaque de baudrier. Empire.

An VIII.

Empire.

Restauration.

AN X.

Commis à la navigation.

Commis aux déclarations.

Contrôleur de brigade.

AN VIII.

Capitaine.

AN VIII.

Lieutenant.

Sous-lieutenant.

1812—1813.

Douanier à pied.

Douanier à chéval.

1835.

Brigadiers, Sous-brigadiers, Préposés.

Dr. Lienhart et R. Humbert.

CORPS DES DOUANES.

17 NOVEMBRE 1852.   1884.

1835.

Officier.

Préposé.

Officier,
grande tenue.

Officier,
petite tenue.

Préposé,
grande tenue.

Berét de matelot
1884.

Préposé,
petite tenue.
1884.

Visiteur.
1884.

Officier. 1852.

Bouton. 1884.

Matelot.
1835.

Matelot.
1884.

Plaque de shako.
1831—1835.

Douanier
d'Algérie
1884.

Ornement
de collet.

Chaouch.
1884.

Plaque de shako.
1852.

Dr. Lienhart et R. Humbert.

CHASSEURS FORESTIERS.

Pl. 52.

Officier.
9 Mai 1873.

11 Mai 1875.

Officier

Inspecteur général.
25 Novembre 1878.

Petite tenue.
14 Décbre 1878.

25 Juillet 1891.

Tunique jaquette, (devant).
25 Novembre 1878.

Tunique jaquette, (dos).
25 Novembre 1878.

Officier, grande tenue.
16 Novembre 1891.

Poignée d'épée pour Inspecteurs et
Conservateurs.   1878.

Officier, petite tenue.
16 Novembre 1891.

Patte d'épaule pour
Inspecteur et Conservateur. eur.

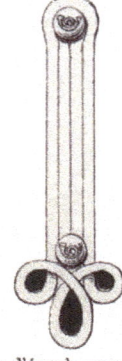

Patte d'épaule pour Garde-
général et Sous-Inspecteur.

Broderie pour Inspecteur général.   1878.

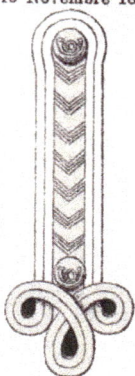

Patte d'épaule pour
Inspecteur-général.

DOUANES, POSTES, TRÉSOR, TÉLÉGRAPHES.

POSTES MILITAIRES. AN XII.

Directeur
et Inspecteur
général.

Directeur
principal.

Employé.

Plaque de shako de Douanier
1815—1830.

Plaque de shako de Douanier
1825

Trésor.   An XII.
Payeur général.   Payeur principal.

Trésor.   An XII.
Payeur divisionnaire.   Employé.

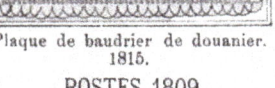
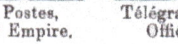

Trésor et Postes.   3e République.

Plaque de baudrier de douanier.
1815.

Postes,
2d Empire.

Télégraphiste.
Officier.

POSTES 1809.

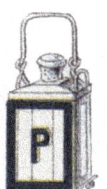

Employé
2e et 3e classes.

Directeur et
Inspecteur en chef.

Contrôleur
Directeur et
Inspecteur particulier.

Caissier et
Employé de 1ère cl.

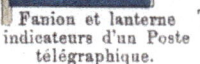

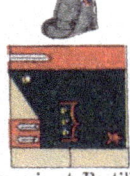

Fanion et lanterne
indicateurs d'un Poste
télégraphique.

Bouton de
Télégraphiste, (face).

Commis et Postillon.

Bouton de Télégraphiste.
(profil).

Fanion et lanterne
indicateurs d'un bureau
de Poste.

POUDRES ET SALPÊTRES.

25 VENTÔSE AN VI.

Administrateur général.   Inspecteur général.   Commissaire de 1ère classe.   Commissaire de 2e classe.   Commissaire adjoint.   Eléve.

Entrepreneur etc.

15 JUILLET 1818.

Commissaires des trois classes.

Postes militaires. Postillon. 1809.   Poudres et Salpêtres. Elève commissaire, an VI.

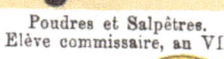

Bouton, an VI.   Bouton 1886.

Ouvrier.

15 JUILLET 1818.

Adjoint.

Entrepreneur etc.

Eléve.

15 JUILLET 1818.

23 JUIN 1853.

Ouvrier.   Commissaire.   Eléve commre.   Maître poudrier.   Maître charpentier, maître tonnelier.   1880.

INVALIDES ET SOLDATS RÉFORMÉS.

1690—1700.

1700.

1730.

1757.

Officier.

Invalide.

Officier.

Soldat.

1775.

1775.

Française.

Infanterie. (Officiers)
Allemande.

Suisse et Irlandaise.

Infanterie.

Troupes légéres.
Cavalerie.

Cavalerie.

1775.

1775,

Dragons.

Hussards.

Invalides.
Cies de l'Hôtel.

Cies détachées.

Soldats retirés.
Français.

Allemands.

1775.

1775.

Soldats retirés.
J Irlandais.

Suisses.

Artillerie.

Dragons.

Hussards.

Chasseurs.

AN XII.

AN XII.

Généraux
réformés.

Adjudants-
commandants.

Aides de camp.

État-major.
des places.

Inspecteurs
aux revues

Commissaires
des guerres.

INVALIDES ET SOLDATS RÉFORMÉS.

Pl. 56.

AN XII.

25 MARS 1811.

Officier jouissant de la solde de retraite.

Médecin réformé.

Chirurgien réformé.

Pharmacien réformé.

Invalide.

Lieutenant.

Invalide Louis Philippe et 2e Empire.

Invalide. 3e République.

Bouton. 1786.

Bouton. An XII.

Invalide. 1730.

Officier de Hussards réformé. 1786.

Invalide. 1880.

Invalide. 1840.

Tambour. 3e République.

Tambour, Louis Philippe et 2e Empire.

25 MARS 1811.

Capitaine.

Chef de Bataillon ou d'Escadron.

Major et colonel

1815—1818.

2e Empire.

VÉTÉRANS.

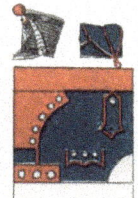
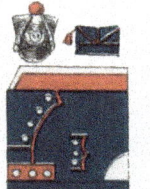
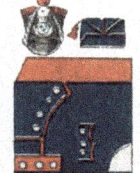
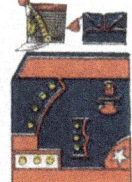

1792.   1812.   25 Mars 1818,   5 Mars 1831.   5 Mai 1831.
Sous-officier.   Fusilier.   Sous-officier.

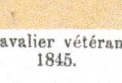

Canonnier vétéran.
1804.

1845.

1812.

1845.
Sous-officier.

Officier de Gendarmes   Cavalier vétéran.   Vétéran.
1831–1845.   vétérans. 1845.   1845.   1806.

1835–1836.
Cavaliers vétérans.

1845. Cavaliers vétérans.   1831.   1845.   1830.   1845.
Officier.   Cavalier.   Vétérans du Génie.   Gendarmes vétérans.

INVALIDES ET VÉTÉRANS.

Pl. 58.

Médaillon de
vétérance.

Basques d'habit de cavalier vétéran.
1845.

Médaillon de
vétérance.

Collet de Sous-officiers.
1845.

Parements.
Cavalier vétéran.
1845.

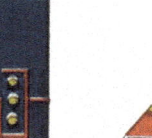

Gendarmes vétérans.
1845.

Collet de capote de Sous-officier.
1845.

Bouton.
1810.

Bouton
Restauration.

Bouton.
1825.

Basques d'habit de
canonnier vétéran. 1845.

Bouton.
1845.

Bouton.
Second empire.

Contre-épaulettes.
1831.   1845.

Parements
de Vétérans du Génie.
1840.   1845.

Parements de
Canonnier   Fusiliers et
vétéran.   Sous-officiers.

Epaulettes.
1852.
Fusiliers.   Sous-officiers.

ECOLES.

ECOLE MILITAIRE. CADETS GENTILSHOMMES.

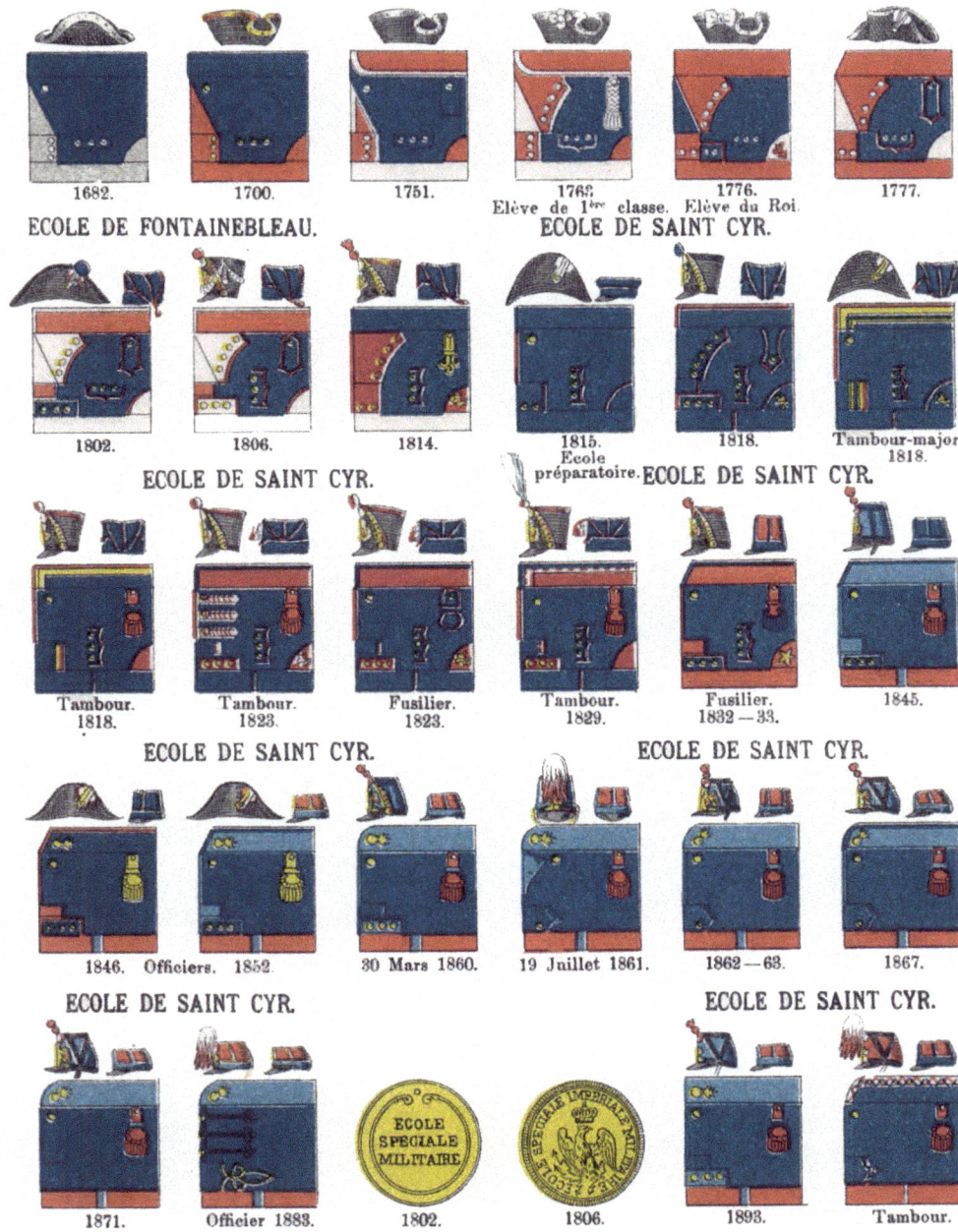

1682.   1700.   1751.   1769.   1776.   1777.
Elève de 1ʳᵉ classe. Elève du Roi.

ECOLE DE FONTAINEBLEAU.   **ECOLE DE SAINT CYR.**

1802.   1806.   1814.   1815.   1818.   Tambour-major.
Ecole   1818.
préparatoire.

ECOLE DE SAINT CYR.   **ECOLE DE SAINT CYR.**

Tambour.   Tambour.   Fusilier.   Tambour.   Fusilier.   1845.
1818.   1823.   1823.   1829.   1832—33.

ECOLE DE SAINT CYR.   **ECOLE DE SAINT CYR.**

1846.   Officiers.   1852.   30 Mars 1860.   19 Juillet 1861.   1862—63.   1867.

ECOLE DE SAINT CYR.   **ECOLE DE SAINT CYR.**

1871.   Officier 1883.   1802.   1806.   1893.   Tambour.

Dr. Liennart et R. Humbert.

ECOLES.

ECOLE POLYTECHNIQUE.

1813.

Empire.

Restauration.
Louis Philippe.

Napoléon III.

République.

1816.

ECOLE MILITAIRE.

ECOLE MILITAIRE.

1818.

1822.

1830.

1852.

1871.

1831.

1820.

1806.

1812.

1845.

1852.

1854.

1826.

1872.

1853.

1855.

1871.

1887.

ECOLE DE SAINT GERMAIN.

6 Septembre 1809.
Grande tenue.

Petite tenue.

18 Février 1810.
Grande tenue.

Petite tenue.

18 Février 1810.
Trompette.

Vétérinaire.

Dr. Lienhart et R. Humbert.

ECOLES DIVERSES.

École de Mars.

Cadet-Gentilhomme
1690.

École de St. Germain
Compagnie d'élite.
1809.

1810.

École polytechnique.
1816.

1830.

Pl. 61.

ECOLES DIVERSES.

Pl. 62.

Ecole de St. Cyr.
Tambour-major.
1822.

Ecole de St. Cyr.
30 mai — 21 juillet 1845.

Ecole de St. Cyr.
1861.

Ecole de St. Cyr.
Tenue d'intérieur.
1887.

Prytanée.
1886.

Prytanée.
1801.

ECOLES DIVERSES.

ECOLE MILITAIRE.   PRYTANÉE.   ECOLES DE SOUS-OFFICIERS ET D'ENFANTS DE TROUPE.

. 1801.   1804.   1805.   Collège de Compiègne.   An XII.   Napoléon III
                                                                                et République.

1801.   1890.   1886.   1840.

1801.   1886.

Nœud hongrois pour   Ornement de giberne.   Prytanée.
Ecoles de Sous-officiers.   Ecole militaire. 1814.   1808.
        1886.

1818.   1822.   1837.

Pupilles.   Ecole de Liancourt.   Ecole de St. Maixent.   Ecole de Versailles.
1811--1814.   1783.   1886—90.   1890.

Dr. Lienhart et R. Humbert.

69

ECOLE DE CAVALERIE.

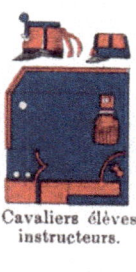     

Cavaliers élèves instructeurs.   Trompettes.   Trompette-major.   Officiers-élèves et du cadre.   Adjudant du cadre.   Fonctionnaires du manège.   Officier.

Maître de manège.   Sous-maître de manège.   Ecuyer en chef.   Ecuyer.   Sous-écuyer.   Maître de manège.

Sous-maître de manège.   Tenue de manège. Cavaliers.   Sous-officiers.   Cavaliers de manège. 1860.   3° République.

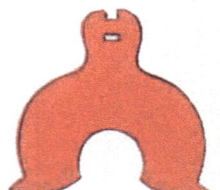
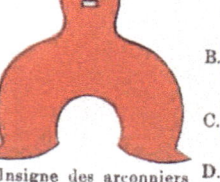

Insigne des arçonniers

A.   Ecuyer.

B.   Sous-écuyer de 1ère classe.

C.   Sous-écuyer de 2e classe et maître de manège.

D.   Sous-maître de manège et frac d'écuyer en chef.

Cannetille.   Filé.

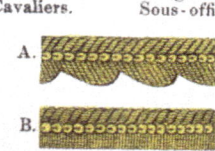  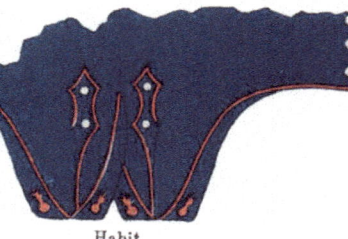

Habit.

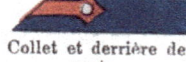

Collet et derrière de veste.

Chapeau à l'écuyère.

Trèfles pour trompettes.

ECOLE DE SAUMUR.   ECOLE DE METZ.   ECOLE DE LYON.

Ecole de Saumur. 1847.
Broderie pour collet de maître
d'armes civils.

Collet d'écuyer en chef.

Collet de prévôt
d'armes civils.

1775.

1786.

An XI.

1831.

2e Empire.

Ecole de Lyon.
1889.

Ecole de Metz.
1860.

Ecole de Saumur.
Grande tenue pour officier
(manège) 1847.

Ecole de Metz. 1831.

Ecole de Metz. 1818.

Ecole de Metz. 1831.

TROUPES LÉGÈRES.

TROUPES ANTÉRIEURES À 1740.

1740.

1740.

1745.

Compagnies franches
d'infanterie. de dragons.

Officier.

Chasseurs de Béringhen ete
Chasseurs.

Tambours.

Volontaires royaux.

1758.

1760.

1766.

1745.

Infanterie et dragons.

Légion royale.
Hussards.

Légion royale.

Légion royale.

Volontaires de La Morlière.
Infanterie. Dragons.

1744.

1746.

1749.

1762.

Volontaires de Grassin.
Infanterie et cavalerie.

Volontaires bretons.
Infanterie. Cavalerie.

Volontaires de Flandre.
Infanterie. Cavalerie.

Légion de Flandre.

1762.

1766

1757.

1762.

1763.

Légion de Flandre.
Dragon.

Légion de Flandre.
Infanterie et dragons

Volontaires de Hainaut.
Dragon. Infanterie.

Légion de Hainaut.

TROUPES LÉGÈRES.

1766.

1768.

1756.

1759.

Légion de Hainaut.
Infanterie.   Cavalerie.

Légion de Lorraine.
Infanterie.   Cavalerie.

Volontaires
étrangers.

Volontaires
d'Austrasie.

1759.

1762.

1762.

Volontaires d'Austrasie.
Cavalerie.

Volontaires de Würmser.
Infanterie.   Cavalerie.

Fusilier.

Volontaires de Soubise.
Chasseur   Cavalerie.

1763.

1766.

1746—1749.

Volontaires de Soubise.
Cavalerie.

Légion de Soubise.
Infanterie.   Cavalerie.

Volontaires de Gantez et du Dauphiné.

1769.

1775.

1759.

1745.

Légion Corse.
Cavalerie.   Infanterie.

Légion de
Dauphiné.

Volontaires de
Cambefort.

Cantabres-Volontaires.

1746—1749.

1757—1759.

1761—1762.

Croates.

Volontaires de Geschraye
Beyerlé et Alsace.

Compagnie franche de Monet.
Chasseur à pied.   Chasseur à cheval.   Hussard.

TROUPES LÉGÈRES.

1760.   1756.   1758.   1760.   1719 — 1745.   1745.

Volontaires cantabres.   Volontaires liégeois.   Arquebusiers de Roussillon.   Fusiliers de Montagnes.

1743—1761.   27 AVRIL 1761.   1761   1762.

Chasseurs de Fischer.
Infanterie.   Cavalerie.   Infanterie.   Dragons-chasseurs de Conflans.
Cavalerie.   Grenadier.   Chasseur à cheval.

1763.   1768.   1758.

Chasseurs.   Dragons-chasseurs de Conflans.
Dragons.   Chasseur à pied.   Chasseur à cheval.   Volontaires étrangers de Clermont-Prince.
Infanterie.   Cavalerie.

1763.   1770.   1776.

Légion de Clermont-Prince.
Infanterie.   Cavalerie.   Légion de Condé.

1761—1763.   1733.   1740.   1733.

Volontaires de Saint Victor.
Infanterie.   Hussards.   Corps franc de Kleinhold.
Dragons.   Fusiliers.   Compagnie franche.
Dumoulin.

TROUPES LÉGÈRES.

Pl. 69.

Compagnies de Jacob etc.
1778.

Compagnie de Godernaux.
1791.

Compagnie de Bomberg.
1792.

1756.
Volontaires de Nassau.
1792.

1743
Volontaires du Maréchal de Saxe.
1793.

1755.
Volontaires de Schomberg.
1793.

Volontaires de Lauzun.
1796.

Volontaires.
1796.

Légion du Midi.
1793.

Légion de Westermann.
1793.

Légion de Paris.

Chasseurs de Paris.

Légion noire.
1792.

Légion rouge.
1792.

Volontaires de Santerre.
1792.

Volontaires de Paris.
1793.

1800.
Volontaires Infanterie.
1792.

Bonaparte. Cavalerie.
1793.

Chasseurs de Byron.
13 FLORÉAL.

Hussards de la Liberté.
AN VIII.

2e Hussards de la Liberté.
1797—1798.

7e Hussards bis.

Hussards de Egalité.
1792.

Hussards de la Mort.
1792.

Hussards à pied.
1er régiment.

2e régiment.

Hussards-guides de l'armee d'Allemagne.

Hussards de la Montagne.

Hussards des Alpes.

Légion des Allobroges.

TROUPES LÉGÈRES ET LÉGIONS.

1796 – 1799.

LÉGION GERMANIQUE. 1792—1793

Légion Irlandaise. Cuirassiers légères. Piconniers. Infanterie. Arquebusiers. Artillerie.

SUISSES. (DEMI-BRIGADES HELVÉTIQUES.)
19 DECEMBRE 1798.   31 MARS 1803.

8 SEPTEMBRE 1799.   1796.

1ère Demi-brigade. 2e Demi-brigade. 3e Demi-brigade. Légion italique. Infanterie et cavalerie. Légion polonaise.

LÉGION DU DANUBE, 8 SEPTEMBRE 1799.

1799.

Infanterie. Hussards. Hulans. Artillerie. Légion des Francs du Nord. Légion Cophte.

1802.   11 MAI 1803.   1803.   1803.   21 JUILLET 1802.   27 JANVIER 1801.

Pionniers noirs. Tirailleur du Pô. Légion piémontaise. Grenadier. Bataillon de déserteurs allemands. Baon de déserteurs autrichiens.

AOÛT 1800.   LÉGION CRÉÉES LE 28 FLORÉAL AN XI.

Hussards piémontais. 1ère Légion. Infrie de bataille. 2e Légion. Bataillon léger. Carabinier. 3e Légion. Infrie de bataille. Grenadier. 4e Légion. Chasseur de bataillon léger. Escadrons de chasseurs à cheval des légions.

TROUPES LÉGÈRES ET ETRANGÈRES.

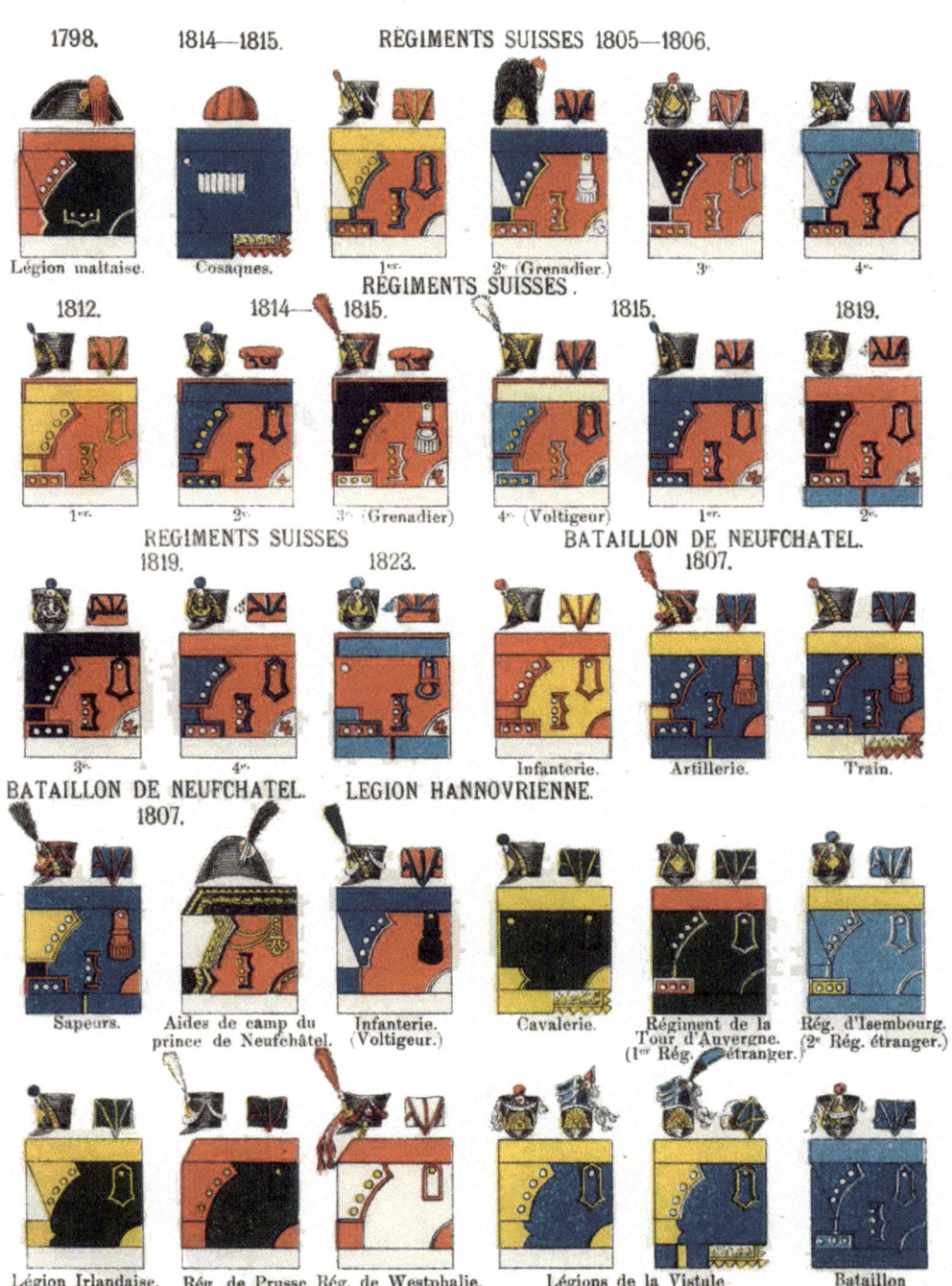

1798.   1814—1815.   RÉGIMENTS SUISSES 1805—1806.

Légion maltaise.   Cosaques.   1er.   2e (Grenadier.)   3e.   4e.

RÉGIMENTS SUISSES

1812.   1814——1815.   1815.   1819.

1er.   2e.   3e (Grenadier)   4e (Voltigeur.)   1er.   2e.

REGIMENTS SUISSES
1819.   1823.

BATAILLON DE NEUFCHATEL.
1807.

3e.   4e.   Infanterie.   Artillerie.   Train.

BATAILLON DE NEUFCHATEL.   LEGION HANNOVRIENNE.
1807.

Sapeurs.   Aides de camp du   Infanterie.   Cavalerie.   Régiment de la   Rég. d'Isembourg.
prince de Neufchâtel.   (Voltigeur.)   Tour d'Auvergne.   (2e Rég. étranger.)
(1er Rég. étranger.)

Légion Irlandaise.   Rég. de Prusse. Rég. de Westphalie.   Légions de la Vistule   Bataillon
(3e Rég. étranger.)   (4e Rég. étranger.)   Infanterie.   Cavalerie   Septinsulaire.

77

TROUPES LÉGÈRES ET ÉTRANGÈRES.

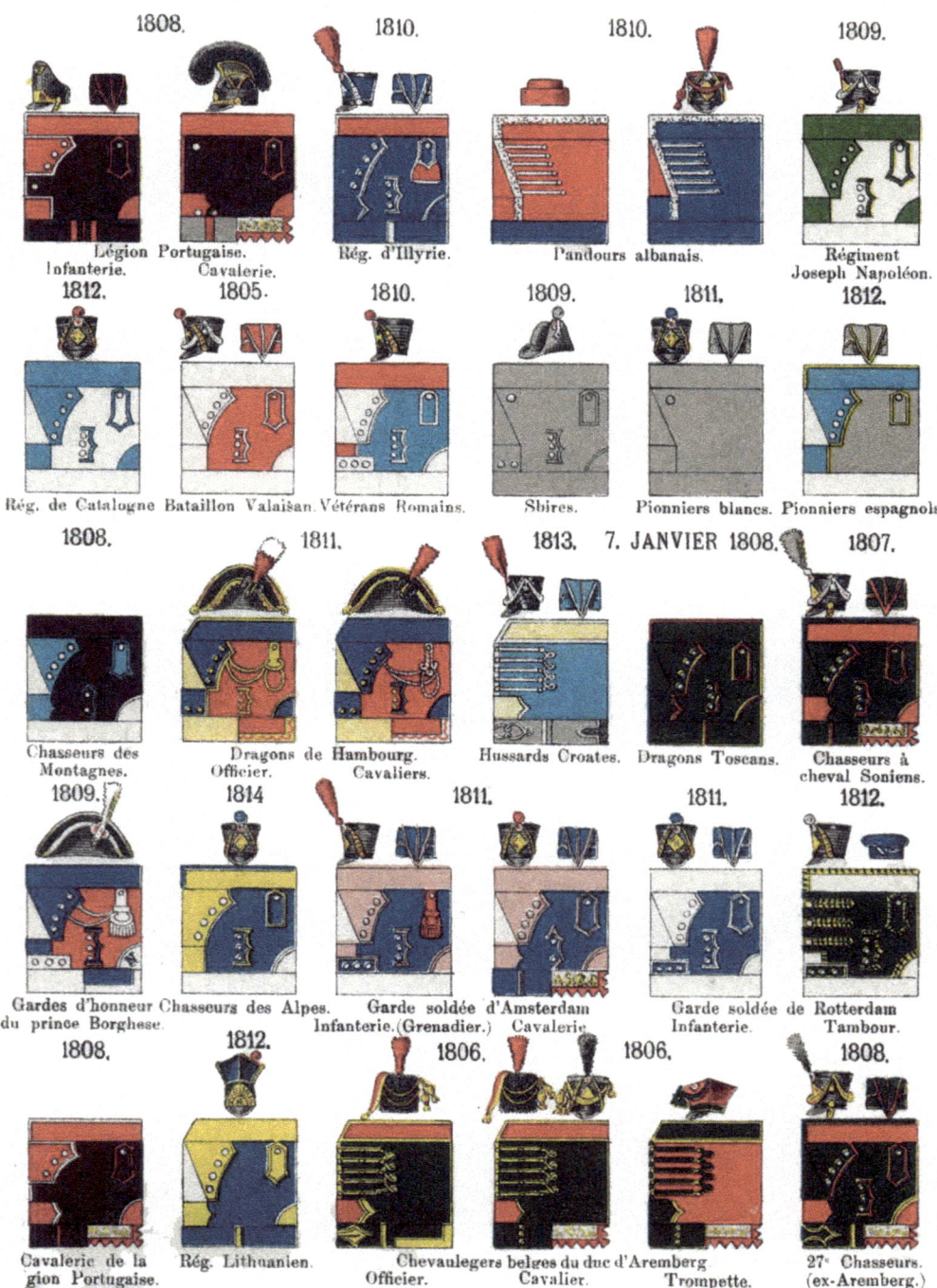

1808.

1810.

1810.

1809.

Légion Portugaise.
Infanterie.   Cavalerie.

Rég. d'Illyrie.

Pandours albanais.

Régiment
Joseph Napoléon.

1812.   1805.

1810.

1809.

1811.

1812.

Rég. de Catalogne   Bataillon Valaisan.   Vétérans Romains.

Sbires.

Pionniers blancs.   Pionniers espagnols.

1808.   1811.

1813.   7. JANVIER 1808.

1807.

Chasseurs des
Montagnes.   Dragons de Hambourg.
Officier.   Cavaliers.

Hussards Croates.   Dragons Toscans.

Chasseurs à
cheval Soniens.

1809.   1814

1811.

1811.

1812.

Gardes d'honneur   Chasseurs des Alpes.
du prince Borghese.

Garde soldée d'Amsterdam
Infanterie.(Grenadier.)   Cavalerie

Garde soldée de Rotterdam
Infanterie.   Tambour.

1808.   1812.

1806.

1806.

1808.

Cavalerie de la
gion Portugaise.
(Grande tenue.)   Rég. Lithuanien.

Chevaulegers belges du duc d'Aremberg
Officier.   Cavalier.   Trompette.

27ᵉ Chasseurs.
(ex-Aremberg.)

TROUPES LÉGÈRES ET ÉTRANGÈRES.

CHASSEURS ILLYRIENS. 1810.

 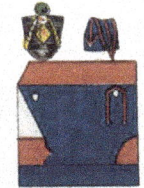 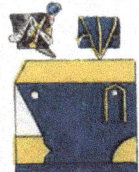  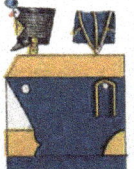 

1er Rég (Lika). 2e Rég. (Ottochatz). 3e Rég. (Ogulin). 4e Rég. (Sluin). 4e Rég. (Sluin). (3 Juin 1810.) 5e Rég. (Banat 1er).

CHASSEURS ILLYRIENS. 1816—1831. 15 JUILLET 1868. 16 SEPTEMBRE 1868.

6e Rég (Banat 2e).   19 Janvier 1812.   Légion de Hohenlohe.   Cie de Colmar.   Compagnie de Neuf-Brisach. Petit tenue.

9 NOVEMBRE 1868.   22 JUILLET 1868 21 AVRIL 1869.   7 SEPTEMBRE 1868.

Cie d'Ars sur Moselle.   Cie de Metz.   Compagnie de Mirecourt.   Cie de Saverne.   Cie de Verdun.

Légion de Hohenlohe. (Grenadier). 1821.   Grenadier de la Légion du Danube. 1800.   Sergent du Rég. Ogulin. 1810.   Cie de Colmar.   Francs-tireurs. 1868. Cie de Mirecourt.

Volontaire de Grassin.
1746.

Uhlans du Maréchal de Saxe.
1746.   1749.

Arquebusier.
1746.

Croate.
1744.

Volontaire breton.
1745.

Dr. Liénhart et R. Humbert.

TROUPES LÉGÈRES.

Pl. 75.

Dr. Lienhart et R. Humbert.

Volontaire de Paris.
1793.

Légion Polonaise.
1799.

Rég. d'Illyrie.
1810.

Chasseur de Byron.
1793.

Cosaque.
1814.

Fusilier de Montagnes.
1768.

GENDARMERIE.

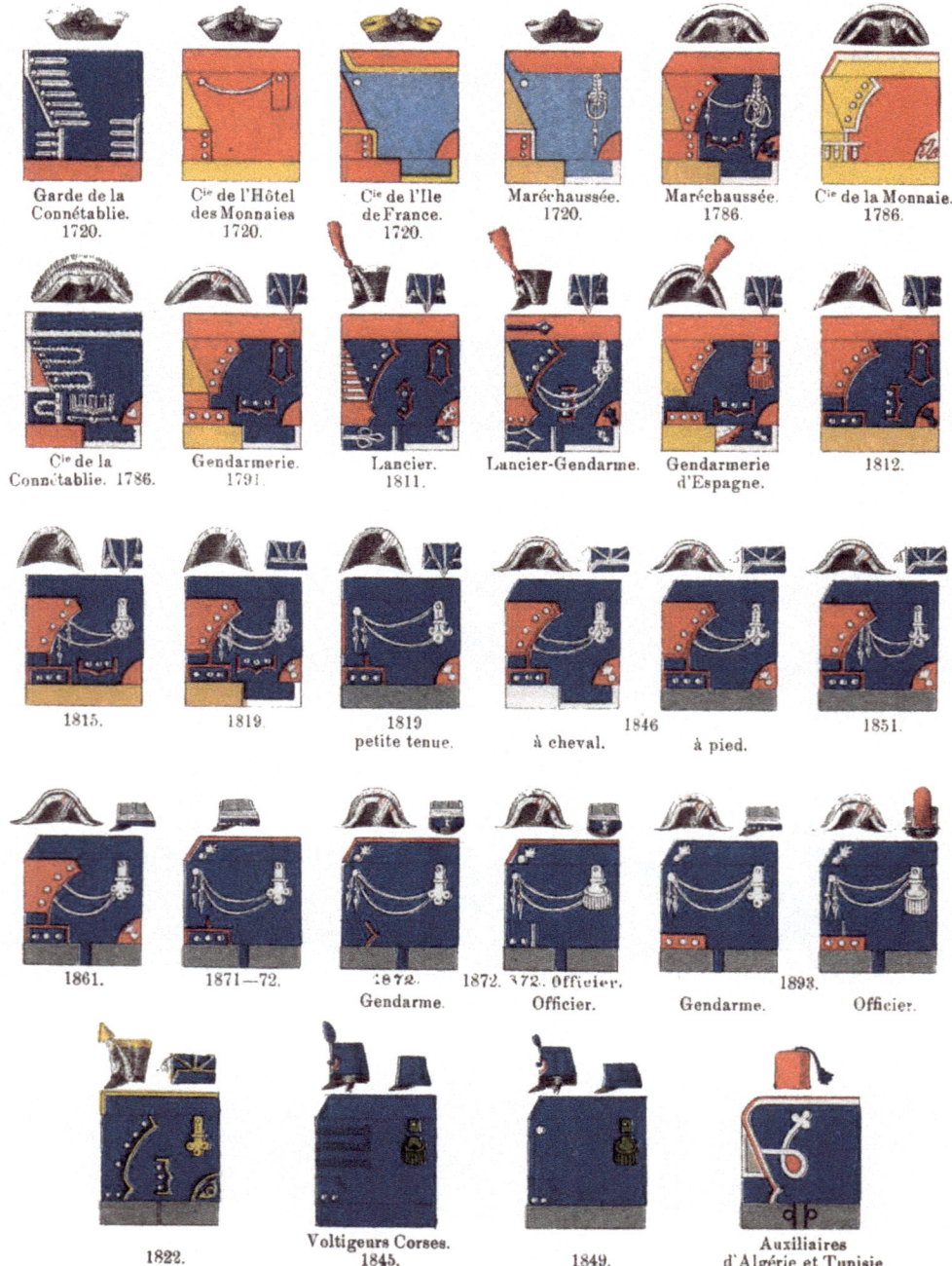

Garde de la
Connétablie.
1720.

Cie de l'Hôtel
des Monnaies
1720.

Cie de l'Ile
de France.
1720.

Maréchaussée.
1720.

Maréchaussée.
1786.

Cie de la Monnaie.
1786.

Cie de la
Connétablie. 1786.

Gendarmerie.
1791.

Lancier.
1811.

Lancier-Gendarme.

Gendarmerie
d'Espagne.

1812.

1815.

1819.

1819
petite tenue.

1846
à cheval.

à pied.

1851.

1861.

1871—72.

1872.
Gendarme.

1872. 372. Officier.
Officier.

1893.
Gendarme.

Officier.

1822.

Voltigeurs Corses.
1845.

1849.

Auxiliaires
d'Algérie et Tunisie.

GENDARMERIE.

Maréchaussée.   République.   République.   Empire.   Restauration.

Louis Philippe.   Louis Phillippe.   2e Empire.

3e République.   3e République.

Plaques de ceinturon.
Gendarmerie.   Auxiliaire d'Algerie.
1895—99.

Plaque de shako des compagnies de reserve.
1e Empire.

Plaque de shako de gendarmerie mobile.
Napoléon III.

Dr. Lienhart et R. Humbert.

GENDARMERIE.

Gendarmerie.
1791.

Garde de Connétable.
1720.

Prévot de la Connétable.
1720.

Voltigeur Corse.
1849.

Dr. Lienhart et R. Humbert.

Pl. 79.

GARDE DE PARIS.

9 MESSIDOR AN III.

AN XI.

1806.

Infanterie
de la Légion de police gènèrale.

Cavalerie

1er Rég.

2e Rég.

Dragons.

1812.

1812.

1er régiment.

2e régiment.

1813.

1813.

Gendarmes.

Elève-gendarme.

1814.

1815.

Gendarmerie.

Garde républicaine.
1848.

Archers de la Ville de
Paris. (Exempt.) 1714.

Garde républicaine.
1848.

Gendarmerie à pied.

1815.

1816.

1829.

1830.

1830.

Gendarmerie à cheval.

Gendarmerie.

Gendarmerie.

à pied.

Garde municipale
à cheval.

ፑ petite tenue.

GARDE DE PARIS.

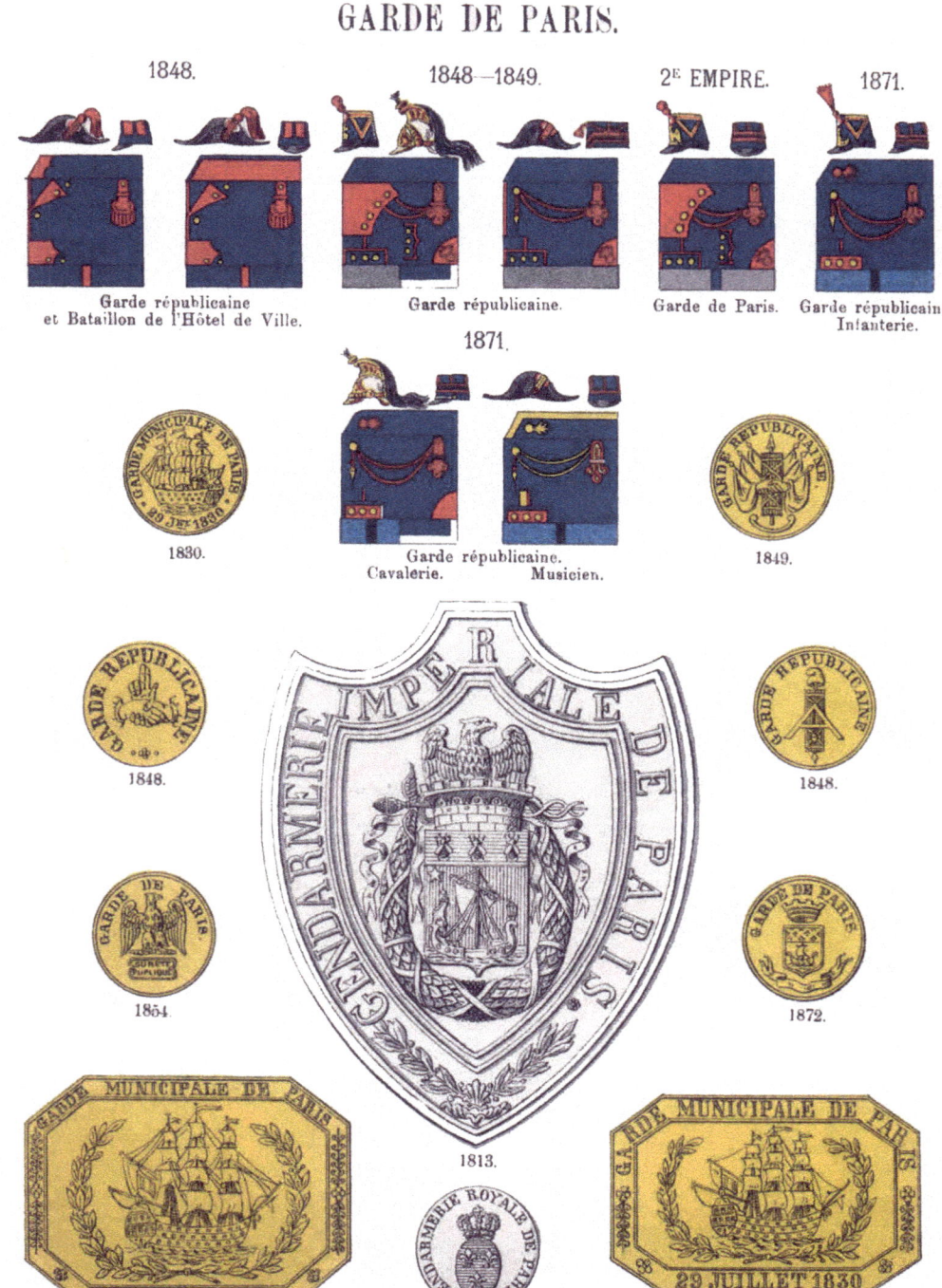

1848.

Garde républicaine
et Bataillon de l'Hôtel de Ville.

1848—1849.

Garde républicaine.

2ᴱ EMPIRE.

Garde de Paris.

1871.

Garde républicaine.
Infanterie.

1871.

Garde républicaine.
Cavalerie.   Musicien.

1830.

1849.

1848.

1848.

1854.

1872.

Plaque de giberne, (grand modèle) 1831.

1813.

1816.

Plaque de giberne, (petit modèle) 1831.

GARDE DE PARIS.

Plaque de shako 1835.

Plaque de shako 1840.

Plaque de ceinturon 1848.

Plaque de baudrier.
2e Empire.

Plaque de shako.
2e Empire.

Plaque de shako. 1873.

Plaque de shako. 1886.

TROUPES DE MARINES ET COLONIALES.

1719—1763.   —1748.   1721—1763.   1690—1761.

Régt de Karrer.   Régt des Galères.   Régt de la   Compagnies franches de la Marine.
                    Soldat.   Officier.   Compagnie de Indes.   Soldat.   Officier.

1772.   1772.

Régt de Brest.   Régt de Marseille.

1772.   1772.

Régt de Toulon.   Régt de Bayonne.

1772.   1772.

Régt de Rochefort.   Corps de   Régt des Galères. Volontaire des Colonies   Régt de   Régt de Saint-Malo.
                     Nassau-Siegen 1778—79. 1725.   d'au delà du Cap. 1773—74. Bayonne 1772.

1772.   1786.   1779.   1772.

Régt de Bordeaux.   Régt du Havre. Infanterie de Marine. Ecole de l'Ile de Ré. Régt du Cap. Régt de la Martinique.

INFANTERIE DE MARINE ET CORPS COLONIAUX.

.1772.

1774.

  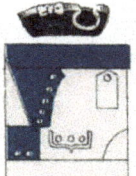   

Rég. de la Guadeloupe.

Rég. du Port au Prince.

Rég. de l'Ile de France.

Rég. de l'Ile Bourbon.

Rég. du Port-Louis.

Rég. de Pondichery.

1814.

1792—1794.

1er Bataillon colonial.

Infanterie de Marine.

1814.

1820.

2e Bataillon colonial.

Bataillons des Colonies.

1814

1822.

3e Bataillon colonial.

  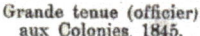

Tenue de ville aux Colonies 1890.

Au Tonkin. 1883.

Grande tenue (officier) aux Colonies. 1845.

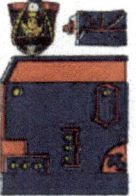

Infanterie de Marine.

1845.

1873.

1883.

1893.

1873.

Officier.

Officier.

Officier.

Tenue en paletot.

ARTILLERIE DE MARINE.

1705.

3 BRUMAIRE.
AN IV.

25 FLORÉAL AN V.

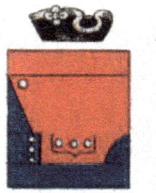
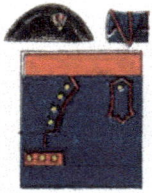
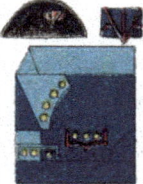

Maître-canonnier
entretenu.

Maître-
artificier.

Maître-canonnier
non-entretenu.

Second-maître.

25 FLORÉAL AN V.

Apprenti.

15 FLOREAL AN XI.

Aspirant
canonnier.

15 FLORÉAL AN XI.

Premier canonnier.
premier maître.

Maréchal de logis chef   Officier
d'Artillerie de Marine.
Tenue coloniale. 1886.

15 FLORÉAL AN XI.

Second canonnier,
second maître.

15 FLORÉAL AN XI.

Ouvrier.

21 FÉVRIER 1816.

Bombardier
canonnier-maître.

21 FÉVRIER 1816.

Canonnier de 2e classe,
second maître.

Canonnier de
3e classe.

Ouvrier
(de 1ère classe).

Tambour.

Ouvrier
auxiliaire.

Conducteurs
sénégalais.

INFANTERIE ET ARTILLERIE DE MARINE.

Artillerie-Officier.
Révolution.

Infanterie.
Plaque de ceinturon.
1845.

Artillerie.
Révolution.

Empire.
Artillerie.

Empire.

Empire.

An XI.

1816.

1816.

1816.

1816.

1822.

1822.

1830.

1831.

3e République.

Infanterie, 3e Republique.
Officier.   Soldat.

Révolution.

Ancre pour casque colonial.
1890.

An IV.

INFANTERIE ET ARTILLERIE DE MARINE.

Infanterie de marine
1840.

Infanterie de marine.
1831.

Infanterie de marine.
1858.

Infanterie.
Ornement de hausse-col.
1840.

Infanterie de marine.
1845.

Artillerie.
Ornement pour poitrail.
1885.

Artillerie.
1890.

Artillerie.
1873.

TROUPES INDIGÈNES.

CIPAHIS.

TIRAILLEURS SÉNÉGALAIS.

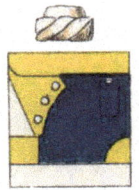

1773. An X et Rèstauration. 1867. 1880--1889. 1857. 1889.

Tirailleurs haoussas. 1891.

Spahis soudanais. Officier. 1894.

Spahis soudanais. Troupe. 1894.

Tirailleurs sakalaves. 1885.

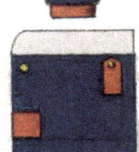

Tirailleurs sakalaves. 1892.

Officier de Cipahis, (indigène) grande tenue. 1889. Officier de Tirailleurs sénégalais (indigène.) 1890. Tirailleur annamite. 1887.

Tirailleurs malgaches. 1895—96

Volontaires de la Réunion 1883

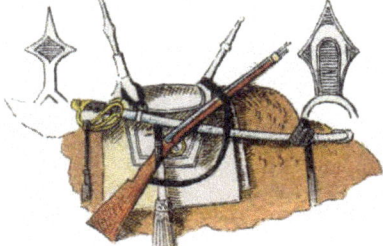

Selle de Mehari. Mode d'attache des armes. Vue de face de la croix et de la palette de la selle.

Officier de Cipahis, petite tenue. 1880.

www.ingramcontent.com/pod-product-compliance
Lightning Source LLC
Chambersburg PA
CBHW041148120626
46547CB00020B/3152